글쓴이 파트리크 알렉산더 바오이에를레

독일의 유명한 분자생물학자이자 생의학자예요. 독일 뮌헨 대학교에서 생물학으로 박사 학위를 받았어요. 프라이부르크 의과대학에서 학생들을 가르쳤고, 마르틴스리트 유전자센터에서 유전자 조절 단백질인 NF-kappa B에 관한 중요한 연구를 했어요. 지금은 항암 치료 연구에 힘을 쏟고 있어요.

글쓴이 노르베르트 란다

독일의 작은 마을인 아우겐에 살고 있어요. 기자로 활동했으며 요즘에는 어린이들을 위한 책을 많이 쓰고 있어요. 우리나라에 소개된 책으로는 『산타클로스 할아버지 어디 계세요?』, 『예수님 부활 이야기』, 『노아 이야기』 등이 있어요.

그린이 구스타보 마살리

학교를 졸업하고는 회사에서 평범하게 일하다가 그림 그리기가 정말 하고 싶은 일이라는 걸 깨달았어요. 그래서 1998년 이후로 교과서나 어린이를 위한 문학 작품에 그림을 그리고 있어요. 우리나라에 소개된 책으로는 『삐뽀삐뽀 태엽 소방차』, 『여호수아와 약속의 땅』, 『다윗과 이스라엘 왕국』 등이 있어요.

그린이 안토니오 무뇨스

스페인 바르셀로나에서 태어났어요. 독학으로 그림을 배운 뒤 출판과 공고 분야에서 프리랜서 작가로 20년 넘게 일했어요. 『해부학 아틀라스 Atlas De Anatomia』, 『자연과학 Natural science』, 『생물학과 지질학 Biologia y geologia』 등에 그림을 그렸어요.

옮긴이 권지현

한국외국어대학교 통역번역대학원과 파리 통역번역대학원에서 번역을 공부했고, 지금은 이화여대 통역번역대학원에서 번역을 가르쳐요. 어렸을 때부터 책을 좋아했고, 지금도 보물찾기처럼 외국의 좋은 그림책을 찾아내서 번역하는 일이 가장 좋아요. 옮긴 책으로는 『한 권의 책으로 세상을 바꾸었어요』, 『아나톨의 작은 냄비』, 『우리가 몰랐던 여행 이야기』 등이 있어요.

생명
탐험대 1
열심히 일하는 세포

파트리크 알렉산더 바오이에를레 · 노르베르트 란다 글
구스타보 마살리 · 안토니오 무뇨스 그림
권지현 옮김

안녕하세요? 진 박사입니다.
신기한 세포의 세계에 온 걸을 환영해요!

씨드북

먼저 간단한 실험을 해 볼까요?

나무, 개미, 강아지, 인간의 공통점은 무엇일까요? 모두 세포로 이루어졌다는 점입니다. 세포는 살아 있는 생명체라는 집을 만드는 작은 벽돌과 같아요. 우리 몸을 이루는 헤아릴 수 없이 많은 세포들이 바쁘게 일해야 우리의 생명이 유지됩니다.

피부도 세포들이 모여서 이루어져요. 우리 몸 안에서는 300종류나 되는 서로 다른 세포들이 일하고 있어요. 생김새도 하는 일도 저마다 다르지만, 크기가 커지고 수가 늘어난다는 공통점이 있어요. 세포끼리는 서로 신호를 주고받을 수 있어요. 세포는 에너지와 세포를 이루는 작은 기관들과 그리고 우리의 몸을 만들지요.

피부 세포의 수명은 3주밖에 안 돼요. 그래서 피부 표면에 항상 죽은 세포가 쌓여 있지요. 양손을 비벼 보아요. 그러면 죽은 세포가 떨어져 나갈 거예요.

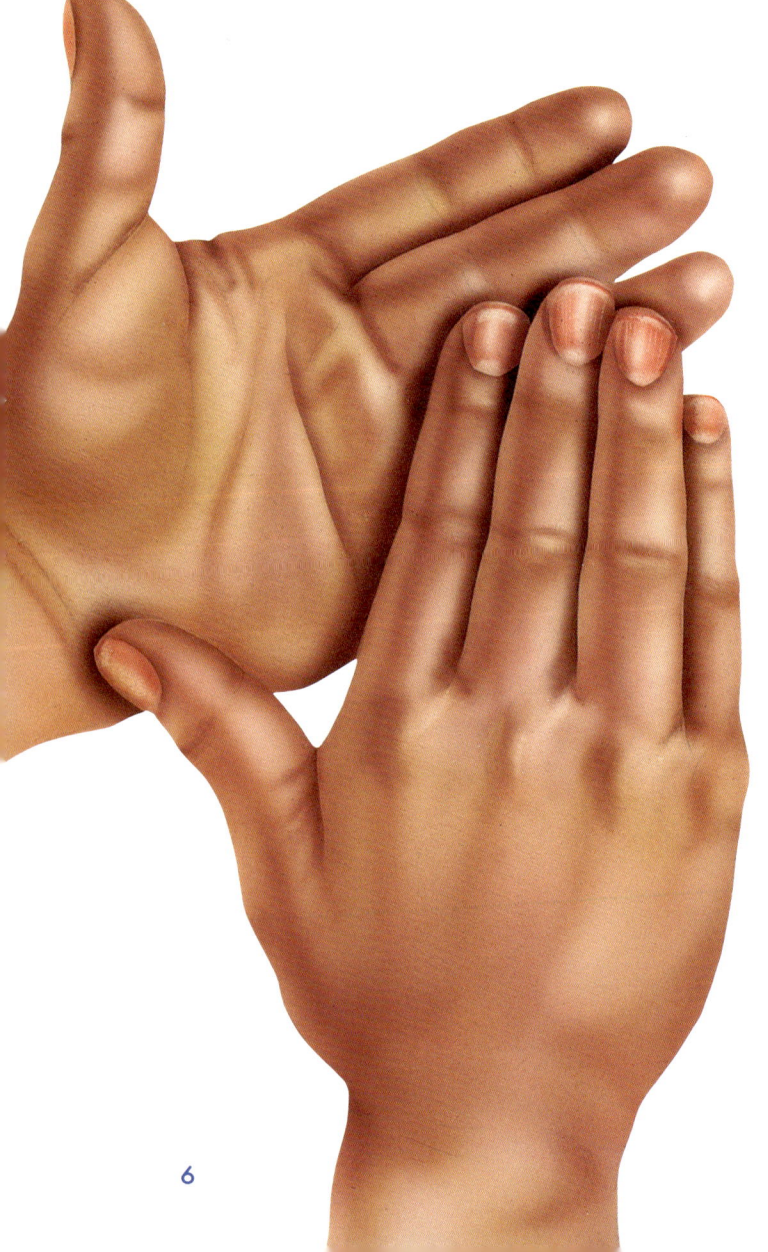
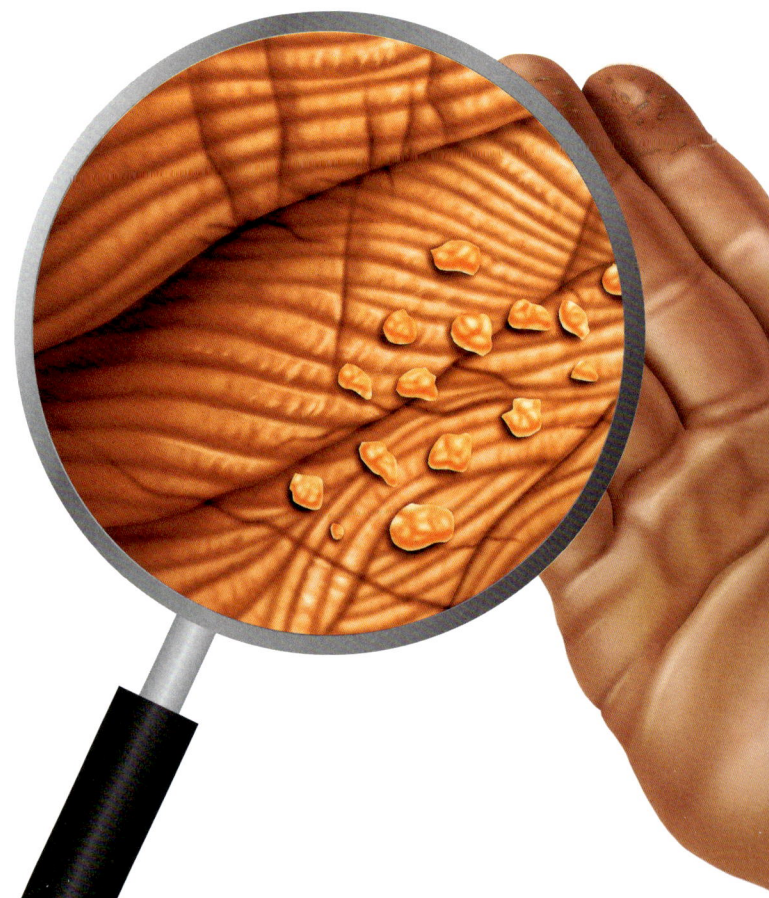

해파리와 사람의 세포가 같다고요?

모든 생물의 세포는 인간의 세포와 비슷한 방식으로 일해요. 하나의 세포로 이루어진 세균도 마찬가지예요. 하지만 세포마다 하는 일이 다 달라서 서로 매우 다른 생명체를 만들어 낼 수 있어요.

이를테면 양배추와 해파리에게는 뇌가 없지만 인간에게는 엄청나게 많은 신경 세포가 있어서 뇌가 활발하게 일해요. 인간은 지구에서 "생명체를 생명체답게 만드는 것은 무엇인가요?"라는 질문을 던질 줄 아는 유일한 존재입니다.

자, 놀라운 세포의 세계를 더 자세히 들여다볼까요?

우리 피부 속에서는 무슨 일이 벌어지나요?

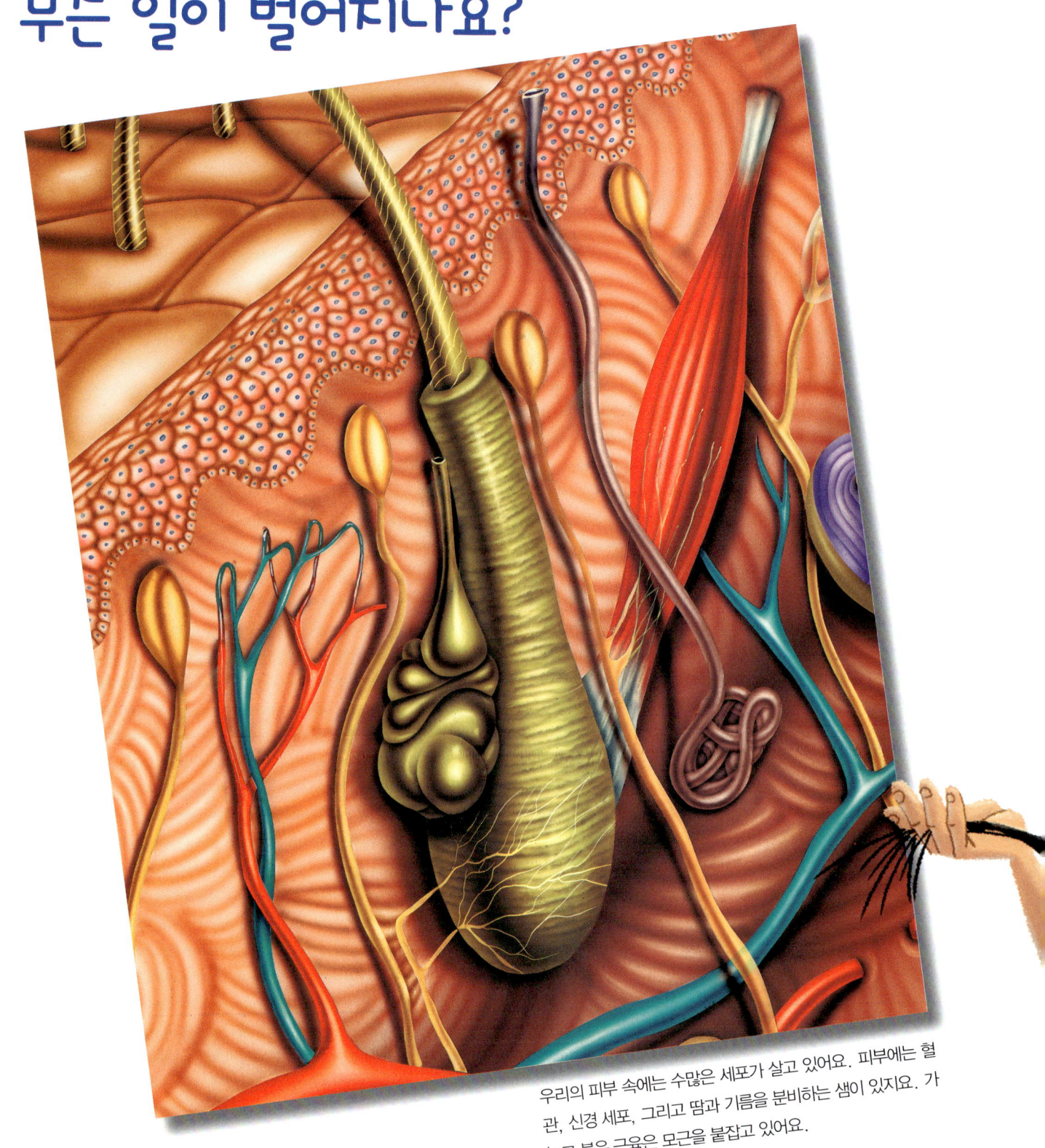

우리의 피부 속에는 수많은 세포가 살고 있어요. 피부에는 혈관, 신경 세포, 그리고 땀과 기름을 분비하는 샘이 있지요. 가늘고 붉은 근육은 모근을 붙잡고 있어요.

피부 세포는 우리 몸속에 먼지나 더러운 것들이 들어오지 못하도록 막아 주어요. 세균이나 다른 미생물의 공격도 거뜬히 막아 내지요. 우리 몸에는 발꿈치처럼 피부가 두꺼운 데도 있고, 입술처럼 피부가 얇고 민감한 데도 있어요.

진 박사님, 피부 세포는 왜 죽어요?

세포는 할 일을 다 하면 죽어요. 그런데 피부 세포는 죽은 다음에도 할 일이 있어요. 살아 있는 세포를 보호하는 막을 만들거든요. 1초에 수백만 개의 피부 세포가 죽습니다. 하지만 새로운 세포가 계속 만들어져서 죽은 세포의 자리를 채우지요.

머리카락과 손톱도 죽은 세포로 만들어졌어요. 머리카락의 뿌리인 모근에서 세포가 분열하면서 새로운 세포가 만들어집니다. 죽은 세포는 쌓여서 머리카락이 되어요. 머리카락을 잘라도 아프지 않은 건 신경이 없기 때문이지요.

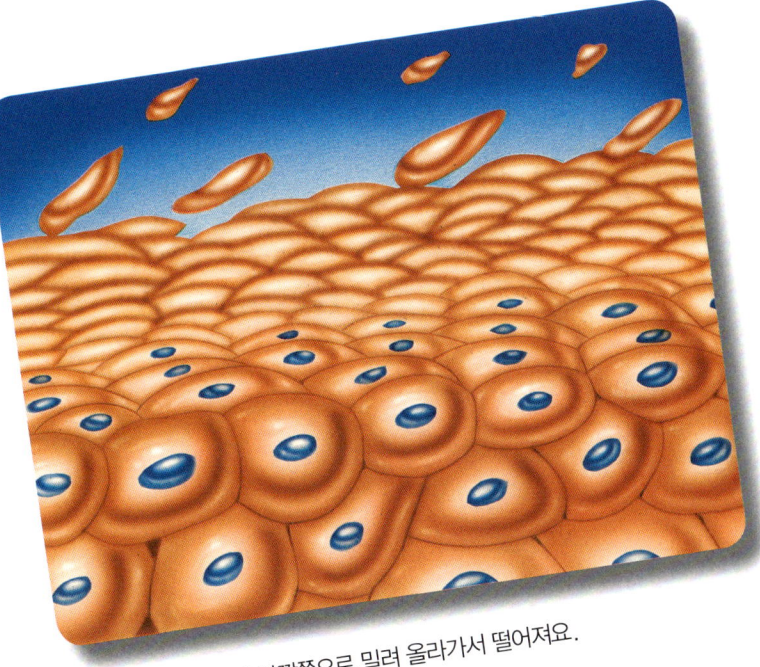

세포가 죽으면 피부 바깥쪽으로 밀려 올라가서 떨어져요.

머리카락을 뽑을 때는 아프던데요?

모근이 작은 신경 세포들과 연결되어 있기 때문이에요. 신경 세포는 자연스럽게 머리카락이 빠지는 것도 알아챕니다. 우리가 누르는 힘, 차가움과 뜨거움, 간지러움과 아픔을 느낄 수 있는 것은 신경 세포 때문이에요. 신경 세포는 근육에 명령을 내리기도 합니다.

모근 밑에 작은 주머니가 있어요!

맞아요. 그건 모낭이라고 하는 분비샘이에요. 모낭에서 나오는 기름 같은 물질은 머리카락과 피부를 부드럽게 만들어요. 땀을 내보내는 분비샘도 있어요. 빨간 관은 피가 흐르는 혈관이에요. 혈액은 피부에 산소와 영양분을 공급해요.

세포는 전문가예요

오래된 세포는 어떻게 되나요?

세포는 함께 붙어 있는 경우가 많지만 꼭 그런 건 아니에요. 혈액에 들어 있는 세포들은 혼자서도 잘 다녀요. 그래야 아주 가느다란 혈관 속도 다닐 수 있거든요. 혈액에 있는 세포로는 적혈구와 백혈구가 있어요. 도넛 모양의 적혈구는 폐에서 산소를 실어 몸 안 구석구석으로 배달해요. 백혈구는 몸 바깥에서 들어온 세균, 곰팡이, 바이러스 같은 침입자들을 내쫓아요.

오래된 세포들은 분해됩니다. '대식 세포'라고도 불리는 백혈구가 죽은 세포를 집어 삼키고, 새로운 세포가 죽은 세포의 자리를 차지해요.

피부 세포와 같이 죽은 다음에도 좋은 일을 하는 세포들이 있습니다. 모근 세포가 죽으면 '케라틴'이라고 부르는 단백질이 되지요.

뼈 세포는 뼈를 이루는 무기질과 단백질을 만들기도 하고 부수기도 해요.

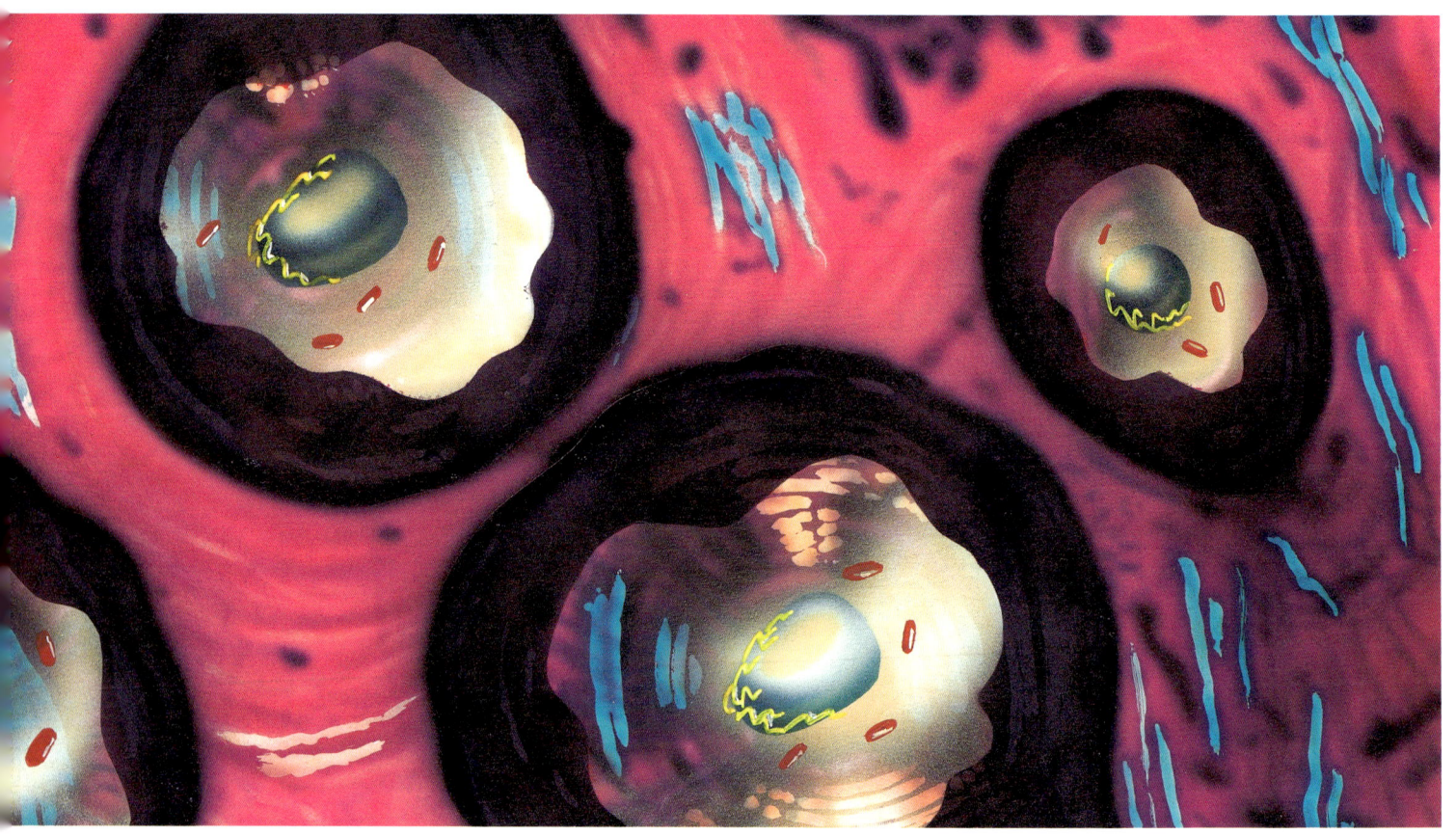

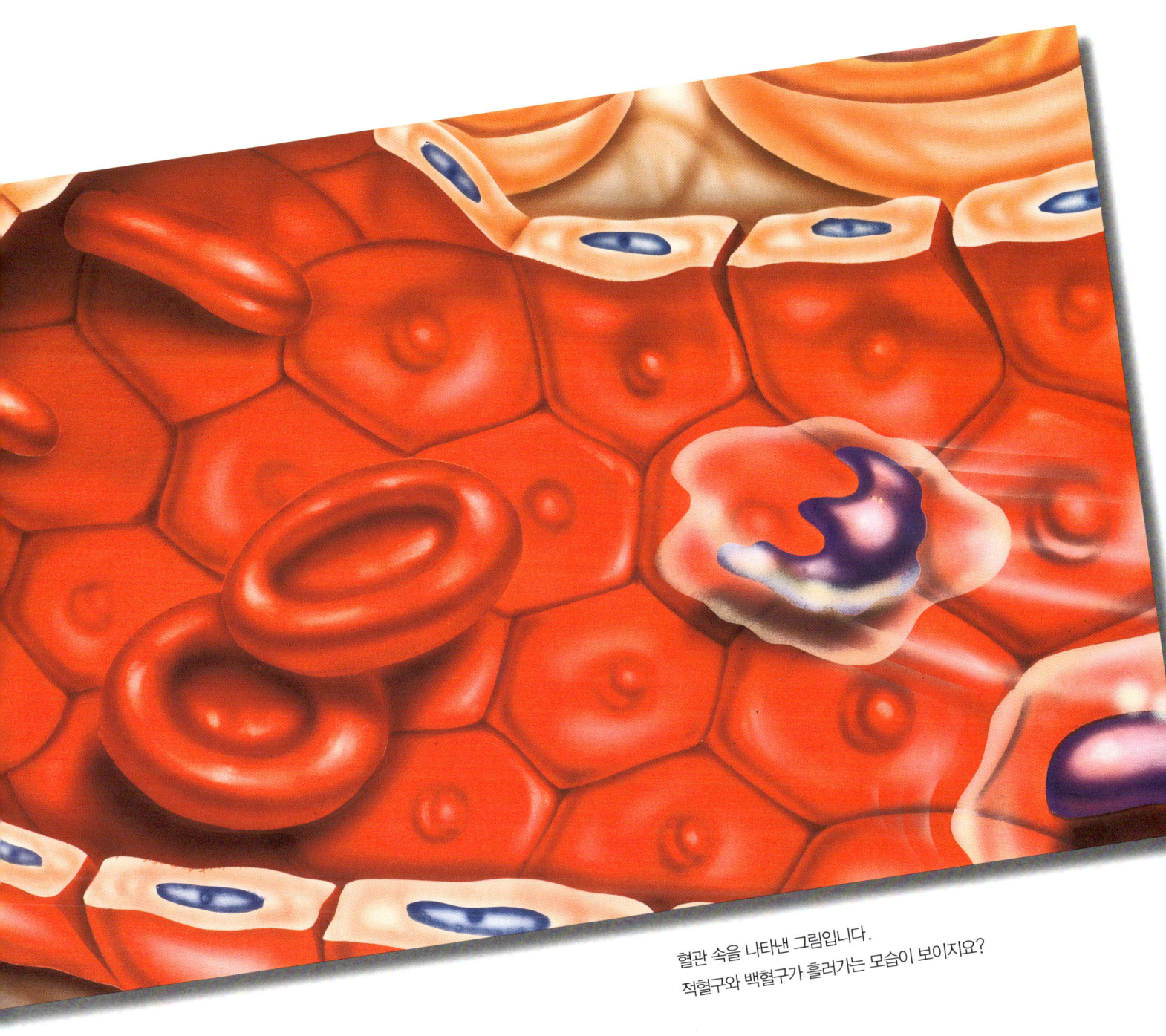

혈관 속을 나타낸 그림입니다.
적혈구와 백혈구가 흘러가는 모습이 보이지요?

뼈 세포도 죽나요?

아니요, 뼈 세포는 죽지 않아요. 뼈 세포는 두 종류로 나뉘어요. 무기질과 단백질로 뼈를 만드는 세포(조골세포)가 있고, 뼈를 부수느라 바쁜 세포(파골세포)가 있지요. 두 세포의 작용으로 뼈가 부러져도 몇 주 만에 다시 붙는 것이에요. 뼈의 한가운데에는 신선한 적혈구와 백혈구를 쉬지 않고 만들어 내는 '골수'라는 공장이 있어요.

11

뭉쳐야 산다!

세포는 맡은 일을 척척 해내는 전문가예요. 하지만 혼자서 일하지 않고 다른 세포들과 함께 일해요. 손가락 한 번 움직이는 데에도 신경 세포, 근육 세포, 혈액 세포, 혈액을 나르는 세포, 피부 세포 등 여러 종류의 세포들이 힘을 뭉쳐야 하지요. 그리고 이 세포들은 다시 몸의 다른 부분에 있는 세포들과 함께 일합니다.

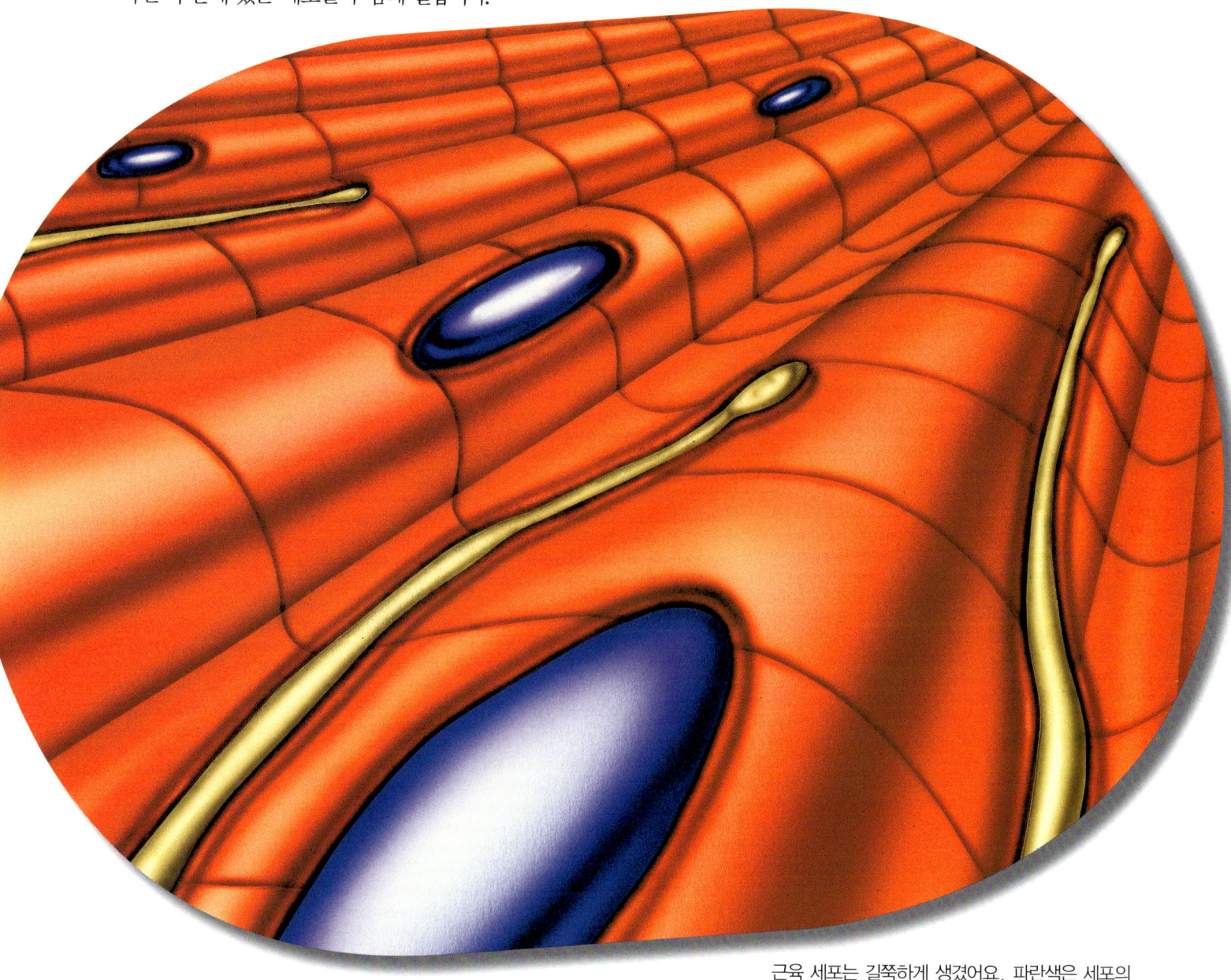

근육 세포는 길쭉하게 생겼어요. 파란색은 세포의 핵이고, 노란색은 신경 세포예요. 신경 세포는 근육이 수축하도록 명령을 내리지요.

열심히 일하는 세포

소포체

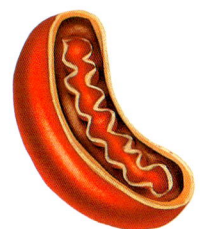
미토콘드리아

핵

세포 골격

리보솜

리소좀

중심립

생명을 유지한다는 것은 쉽지 않아요. 그건 세포들에게도 마찬가지예요. 세포는 생명을 유지하려고 수를 늘리고 필요한 단백질을 만들어요. 공장, 발전소, 도로, 저장 창고, 하수도도 만들고, 그것들을 잘 돌아가게 할 계획도 세우지요. 정말 그런지 모근 세포로 확인해 볼까요?

세포는 아주 얇은 막으로 덮여 있어요. 그 막을 세포막이라고 해요. 여러 종류의 단백질이 세포막에서 문지기 역할을 하며 세포에게 필요한 것만 들여보내고 필요 없는 것은 내보내요. 다른 세포들이 보내오는 메시지를 통과시키는 단백질도 있어요.

세포 안에 있는 많은 세포 소기관들은 젤리처럼 걸쭉한 세포질 속을 돌아다녀요. 중심립으로 만들어진 세포 골격은 세포의 모양을 유지해 주지요. 미토콘드리아는 세포에 필요한 에너지를 만들어요. 리소좀은 단백질 같은 생체 분자를 분해합니다.

리보솜은 작은 단백질 공장이에요. 세포 안을 떠다니기도 하고, 소포체에 달라붙어 있기도 해요.

오른쪽 그림에 보이는 큰 공을 세포핵이라고 불러요. 세포핵에 들어 있는 DNA라는 생체 분자에 단백질을 만드는 방법이 들어 있어요.

우리 몸에 있는 온갖 종류의 세포는 하는 일도 다르고 생김새도 다 달라요. 하지만 공통점도 많지요. 모든 세포는 분열해서 나뉘어요. 또 스스로 움직일 수 있어요. 에너지를 쓰기도 하고 만들기도 하지요. 세포들은 서로 얘기도 많이 나누고 가까이 붙어 지내요. 어떻게 이 많은 일을 세포가 다 해내는 걸까요?

세포는 마법사인가 봐요!

그런 건 아니에요. 살아 있는 세포와 돌처럼 생명이 없는 물체 둘 다 원자라고 부르는 아주 작은 입자로 만들어졌어요. 탄소, 황, 인, 산소, 질소, 수소, 나트륨, 칼슘, 철 등 원자는 종류가 아주 많아요.

돌 안에 있는 원자는 종류도 많지 않고 아주 단순하게 늘어서 있지요. 그래서 돌은 할 수 있는 것이 아무것도 없답니다.

하지만 생명체 안에는 많은 종류의 원자들이 서로 복잡하게 연결되어 분자라고 하는 더 큰 구조를 만들어요. 세포를 집이라고 하면 아미노산, 핵산, 지방산, 당은 그 집을 짓는 데 필요한 벽돌이에요. 이 벽돌을 생체 분자라고 불러요. 하지만 생체 분자는 살아 있는 생명체가 아니에요.

생체 분자들이 영리하게 결합해서 세포를 이루어 함께 일할 때라야 비로소 생명이 시작되지요. 그러면 세포들은 단백질을 만들기 시작하는데, 그 방법이 어찌나 신기한지 마치 마법 같아요.

박사님, 단백질은 무슨 일을 하나요? 단백질은 먹는 것 아니에요?

맞아요. 우리는 단백질을 음식으로 매일 섭취하지요. 동물성 단백질과 식물성 단백질을 먹어요. 단백질이 소화되면 더 작은 조각으로 부서져요. 바로 아미노산이지요. 아미노산은 혈관을 타고 흐릅니다. 그러면 세포들이 아미노산을 건져서 우리 몸에 필요한 여러 종류의 단백질을 새로 만들어 냅니다.

단백질이 없다면 생명체는 살아갈 수 없어요. 단백질은 세포를 만들 뿐 아니라 놀라운 일을 아주 많이 한답니다. 우리가 생명을 유지하려면 10만 가지의 단백질이 필요해요.

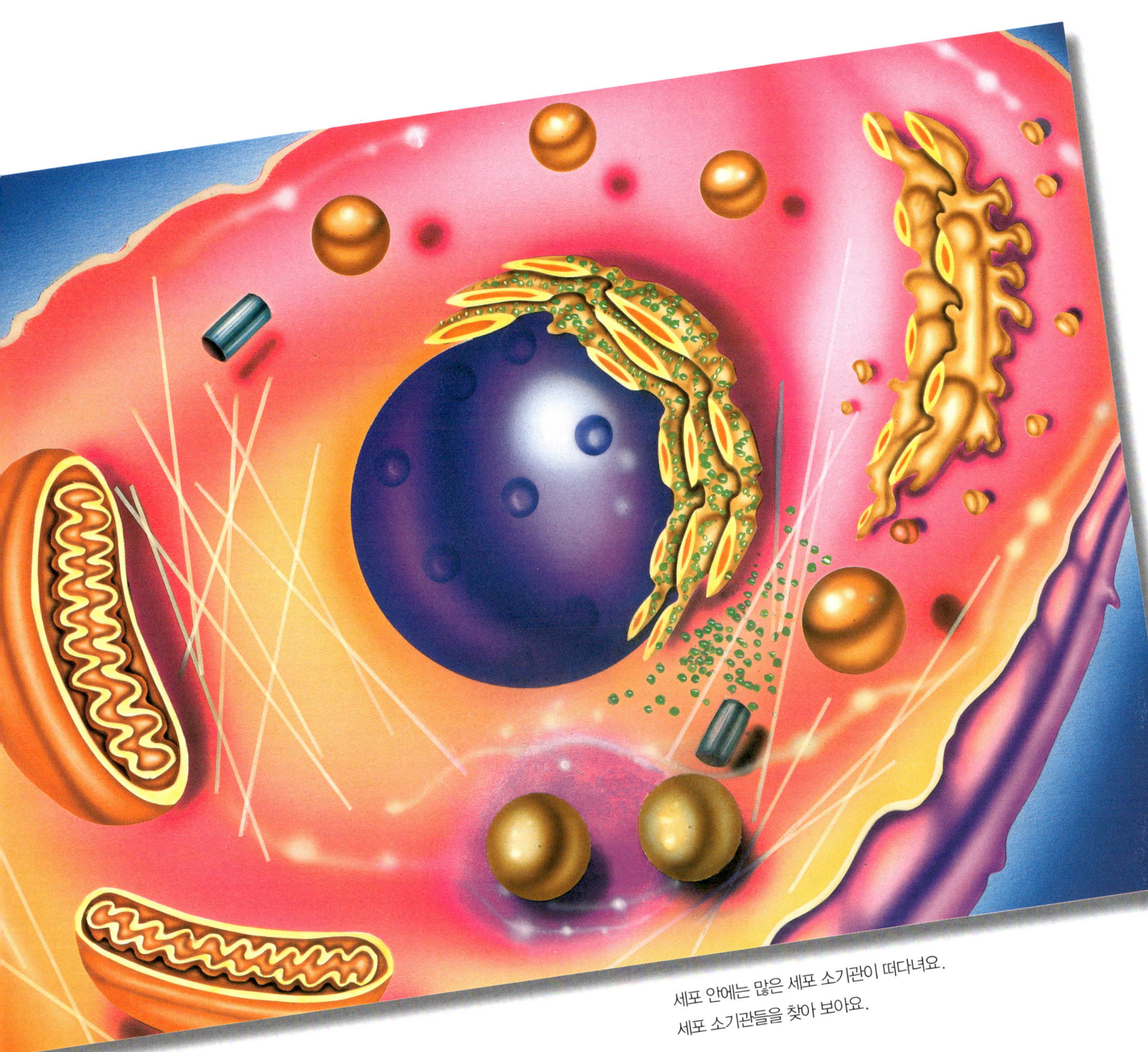

세포 안에는 많은 세포 소기관이 떠다녀요.
세포 소기관들을 찾아 보아요.

아주 복잡해 보이지요? 맞아요. 하지만 세포는 한 가지만 알면 되어요. 어떤 단백질을 언제 어디에서 만들지 말이에요. 이것만 알면 세포는 일을 시작할 수 있어요.

단백질을 만드는 방법은 DNA의 일부인 유전자에 들어 있습니다. 우리 몸에 있는 모든 세포는 똑같은 단백질 조리법 목록을 갖고 있어요. 하지만 만들어 내는 단백질은 세포마다 다릅니다. 따라서 세포는 만들어야 하는 단백질에 해당하는 유전자를 골라서 읽어 내야 합니다.

완벽한 계획

세포가 단백질을 만들려면 두 가지가 필요합니다. 벽돌과 벽돌을 올바른 순서로 쌓을 수 있도록 도와줄 설계도이지요. 여기에서 벽돌은 아미노산입니다. 아미노산의 종류는 20가지가 넘어요. 그리고 설계도는 데옥시리보핵산의 한 가닥에 새겨져 있습니다. 데옥시리보핵산은 간단하게 줄여서 DNA라고 부르지요. DNA에는 우리 몸에 필요한 10만 종의 단백질을 만들 수 있는 방법이 담겨 있어요.

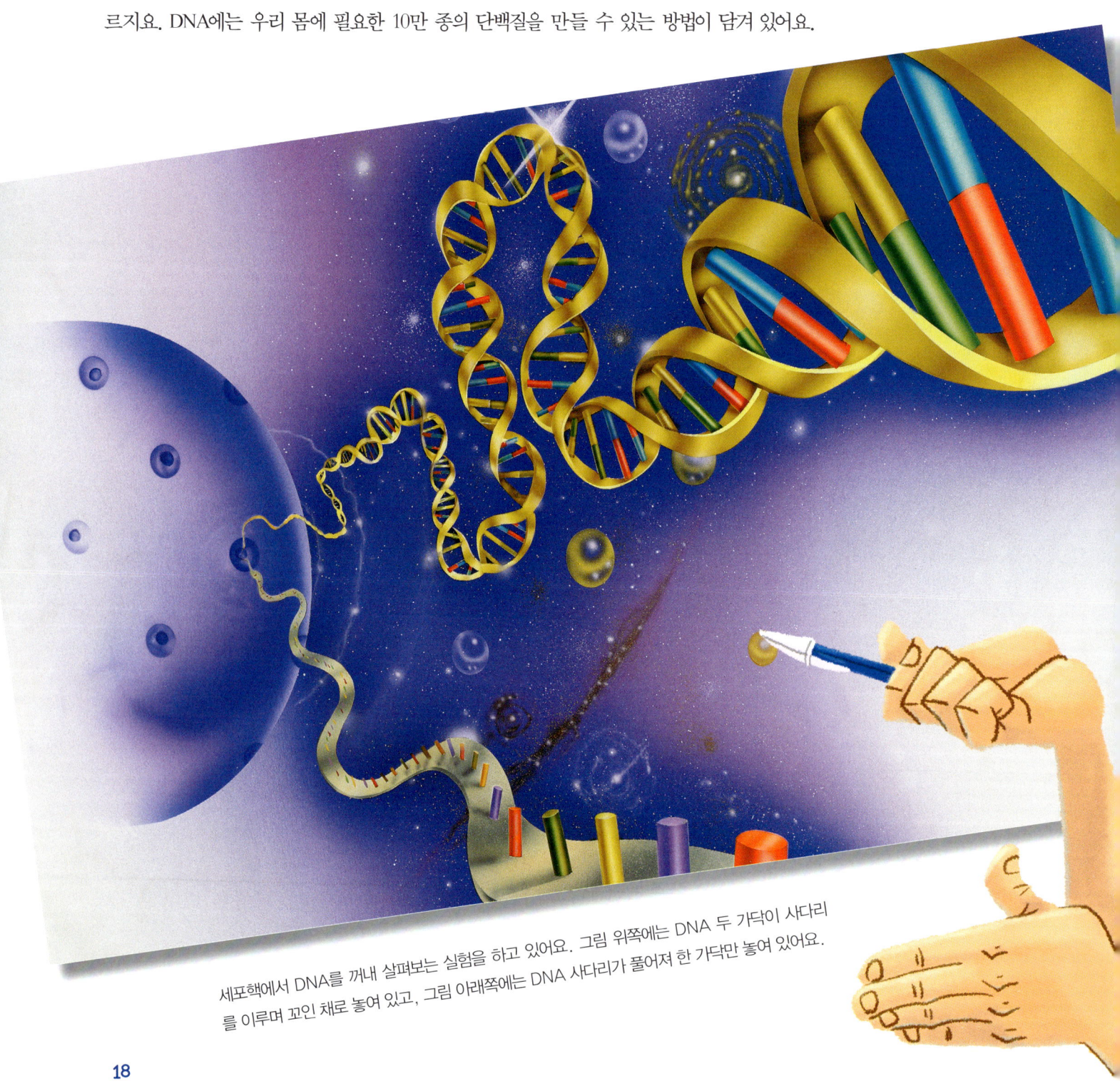

세포핵에서 DNA를 꺼내 살펴보는 실험을 하고 있어요. 그림 위쪽에는 DNA 두 가닥이 사다리를 이루며 꼬인 채로 놓여 있고, 그림 아래쪽에는 DNA 사다리가 풀어져 한 가닥만 놓여 있어요.

박사님, 유전자는 어디에 있나요?

DNA는 아주 가늘고 기다란 두 가닥으로 이루어져 있어요. 이 DNA 가닥들은 단백질에 똘똘 감겨 뭉쳐져 있습니다. 그래야 세포핵 안에 들어갈 수 있거든요. 세포가 분열할 때는 막대 모양으로 뭉쳐져 46개의 염색체가 됩니다.

세포핵에서 DNA를 꺼내 보면 DNA가 나선형으로 꼬인 사다리 모양인 것을 알 수 있습니다. 사다리의 가로 막대 한 개는 뉴클레오타이드 2개가 결합해서 만들어집니다. 정확하게 말하면 뉴클레오타이드에 있는 핵염기끼리 서로 결합을 이룹니다. 뉴클레오타이드는 유전자를 이루는 화학 글자들입니다. A는 아데닌, T는 티민, C는 시토신, G는 구아닌을 가리키는 알파벳이며, 일반적으로 서로 다른 색으로 표시됩니다. 재미있는 일은 지금부터 시작이에요. A는 T와만 결합할 수 있고, C는 G와만 결합할 수 있거든요. 이렇게 짝을 짓는 원리가 유전자를 복제하는 데 어떻게 작용하는지 함께 알아봐요.

단백질 공장은 어떻게 메시지를 받나요?

세포핵 안에 유전자가 제대로 저장되었더라도 단백질을 만들어 내는 공장인 리보솜은 아직 무엇을 해야 할지 모릅니다. 리보솜에게 올바른 단백질을 만드는 제조법이 와야 하거든요.

먼저, 세포핵에서 메신저가 출발합니다. 메신저는 뉴클레오타이드 A, T, C, G 중 하나만 가지고 있어서 불완전한 모양입니다. 하지만 그래야 리보솜이 메시지를 정확하게 읽을 수 있어요.

메시지가 틀렸으면 어떻게 해요?

단백질은 대부분 수십만 개의 아미노산으로 이루어져 있습니다. 유전자에서 화학 글자 하나만 달라져도 이상한 단백질이 만들어질 수 있습니다. 이것을 변이라고 하지요. 최악의 경우에는 단백질이 제대로 일을 할 수 없어서 질병을 일으킵니다. 하지만 때로는 변이가 생긴 단백질이 정상 단백질보다 일을 더 잘하기도 해요.

유전자는 어떻게 단백질을 만들까요?

단백질 만드는 법을 가지고 세포핵 바깥을 떠돌며 리보솜을 만나길 기다리는 메신저는 바로 mRNA입니다. 하나의 가닥으로 되어 있는 mRNA의 역할은 유전자가 가지고 있는 단백질 조리법에 따라 올바른 아미노산을 고르고, 그 아미노산을 특정한 순서대로 줄 세우는 것이지요. 아미노산들이 결합하면 실 모양의 단백질이 만들어져요. 이 실은 곧장 돌돌 말려서 공 모양, 막대 모양, 섬유 모양이 됩니다.

유전자 암호란 무엇일까요? 아미노산의 종류는 20가지이지만 알파벳으로 표시된 뉴클레오타이드는 C, T, G, A, 4개밖에 없습니다. 이 말은 특정한 아미노산의 이름을 지으려면 항상 3개의 유전자 알파벳이 있어야 한다는 뜻입니다. GCA, CCA, TGC처럼 말이지요. 이것이 유전자 암호입니다. 이제 유전자 암호가 어떻게 만들어지는지 살펴봅시다.

아래 그림을 보면, 짝을 이룬 뉴클레오타이드가 있는 DNA가 있습니다. 파란색 T가 빨간색 A와 결합했고, 노란색 G는 초록색 C와 결합했습니다. 그리고 특정한 순서대로 배열되어 유전자를 만들어요.

이제 특정한 단백질을 만들고자 합니다. 그러려면 해당 유전자를 복제해야 하므로 DNA 사다리를 풀어야 해요. 그러면 가로 막대에 뉴클레오타이드가 1개씩만 달린 반쪽 사다리가 생깁니다. 짝을 이룬 뉴클레오타이드는 하나도 없지요.

드디어 반쪽 DNA 사다리에 RNA 한 가닥이 붙습니다. 아래 그림을 보면 DNA와 RNA의 뉴클레오타이드가 서로 결합하고 있습니다. DNA의 노란색 G는 RNA의 초록색 C에 붙고, DNA의 빨간색 A는 RNA의 보라색 U에 붙습니다. 원래 DNA에서는 빨간색 A와 파란색 T가 서

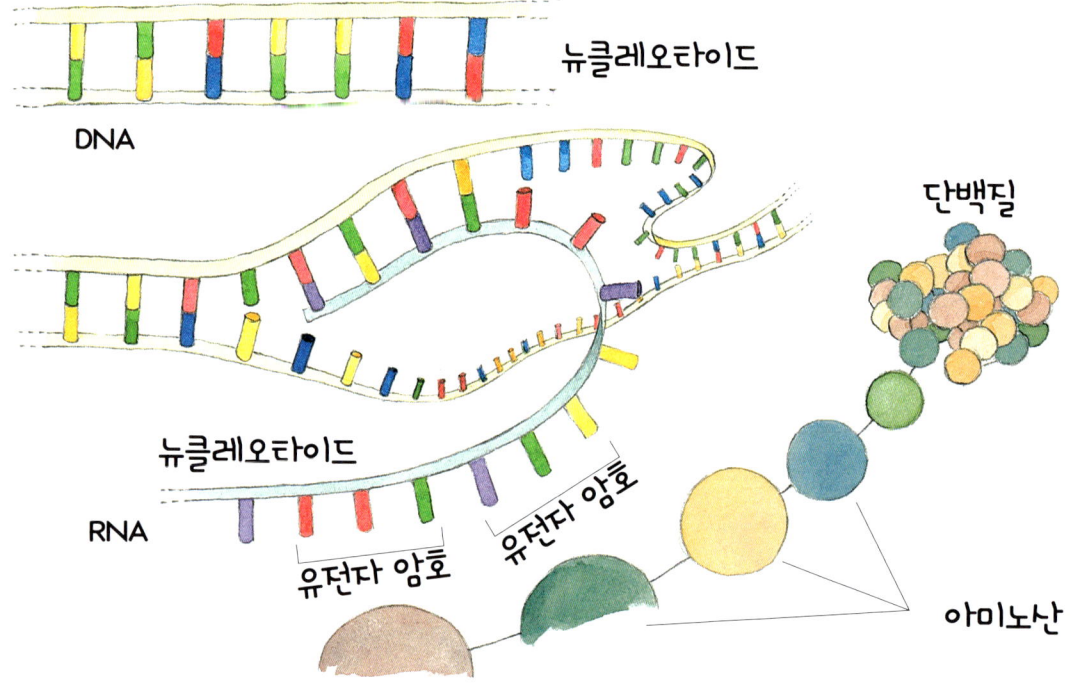

유전자와 리보솜이 임무를 마쳤군요. 아미노산들이 돌돌 말려서 원하던 단백질이 만들어졌어요.

세포핵 바깥에서 떠다니는 mRNA가 보이나요? mRNA는 리보솜에게 단백질 만드는 비법을 전해 줍니다.
특정한 단백질을 만들기 위한 아미노산의 배열 순서를 알고 있지요.

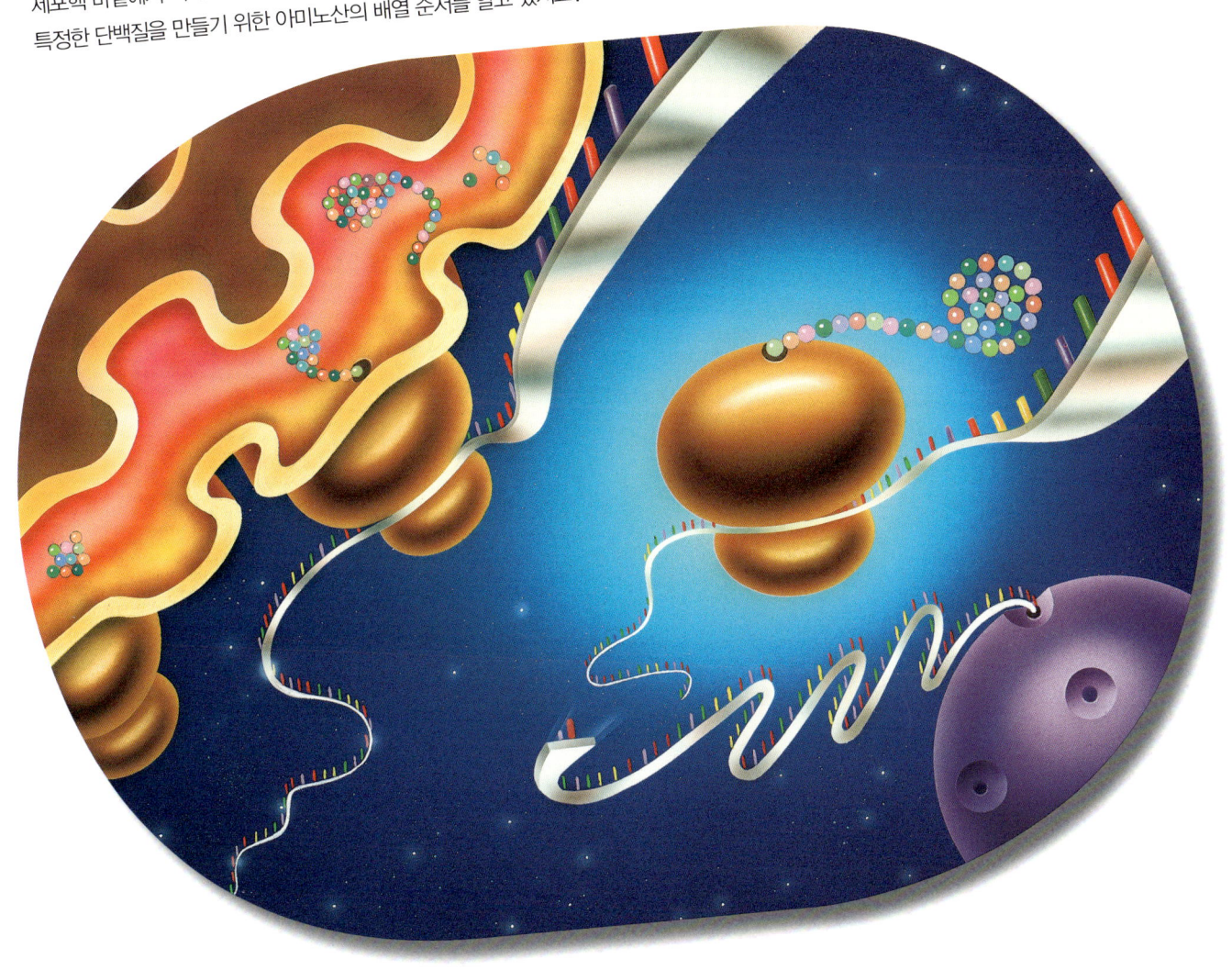

로 결합하지만, RNA에는 보라색 U가 파란색 T를 대신합니다. 이 RNA에 또 다른 RNA가 붙으면 단백질을 만들 수 있습니다.

유전자를 완성한 RNA는 세포핵을 떠나 리보솜을 찾아갑니다. RNA가 떠나면 갈라졌던 DNA 사다리도 다시 결합합니다.

리보솜이 단백질을 만드는 데에는 아미노산이 필요합니다. 아미노산은 20여 가지가 있는데, 올바른 순서로 늘어놓아야 합니다. 하나의 아미노산은 RNA가 말하는 3개의 글자(또는 3개의 색깔)에 반응합니다. 그러니까 이 글자들의 순서, 즉 염기 서열은 어떤 아미노산이 배열되어야 하는지 알려 줍니다.

세포는 어떤 단백질이라도 만들어 낼 수 있나요?

우리 몸의 세포들은 10만 종의 단백질을 만드는 비법을 모두 알고 있어요. 하지만 간 세포와 피부 세포는 미리 정해진 단백질만 만들 수 있어요. 올바른 세포에서 정확한 시간에 올바른 유전자를 작동시키는 것은 특정한 종류의 단백질이 하는 역할입니다.

올바른 단백질이 만들어지고 특정한 모양을 갖추면 그 모양에 맞는 역할을 할 수 있지요.

중요한 세포 골격

세포 안에 있는 많은 단백질은 세포질이라고 하는 액체 속에서 떠다닙니다. 세포막에 붙어 있는 단백질도 있고, 핵이나 리보솜 같은 세포 소기관을 이루는 단백질도 있습니다. 또 세포 골격의 섬유를 만드는 단백질도 있지요.

단백질 섬유가 세포의 모양을 잡아 주고 세포 소기관들이 세포 안에서 제대로 움직일 수 있게 도와주어요.

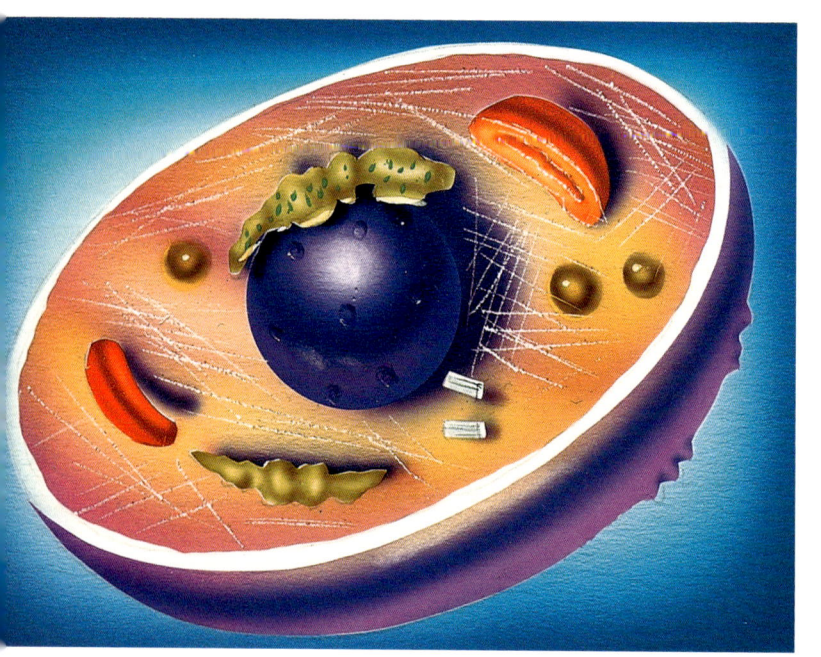

세포 골격은 왜 필요할까요?

신경 세포 등 여러 세포의 특정한 모양을 유지해 주기 때문이에요. 세포 골격 단백질이 하는 일은 또 있어요. 튜불린이라는 단백질은 세포 소기관과 세포막을 연결해요. 튜불린이 결합해서 만들어진 미세 소관으로 세포 소기관들이 운반됩니다. 세포가 분열할 때 새로 만들어진 세포 속에 똑같은 수의 염색체가 들어가게 만들기도 하지요.

장 내막을 싸고 있는 세포의 튜불린 섬유는 텐트의 버팀목과 같은 역할을 해요. 세포막을 잡아당겨서 표면적을 넓히지요. 그러면 장에서 더 많은 음식을 받아들일 수 있어요.

세포의 모양이 바뀔 수 있나요?

튜불린 섬유는 적혈구의 모양을 바꿀 수 있어요. 아주 좁은 혈관을 지날 때 튜불린 섬유가 적혈구를 쥐어짜듯이 누르거든요. 그렇게 해서 산소가 온몸에 전달되지요. 좁은 혈관을 통과한 적혈구는 다시 둥근 모양으로 되돌아가요.

하지만 오래 일해서 지친 적혈구는 찌그러진 모양이에요. 더는 산소를 운반할 수 없지요. 그러면 백혈구가 적혈구를 잡아먹어요. 많이 먹는다고 해서 백혈구를 대식 세포라고 부르지요.

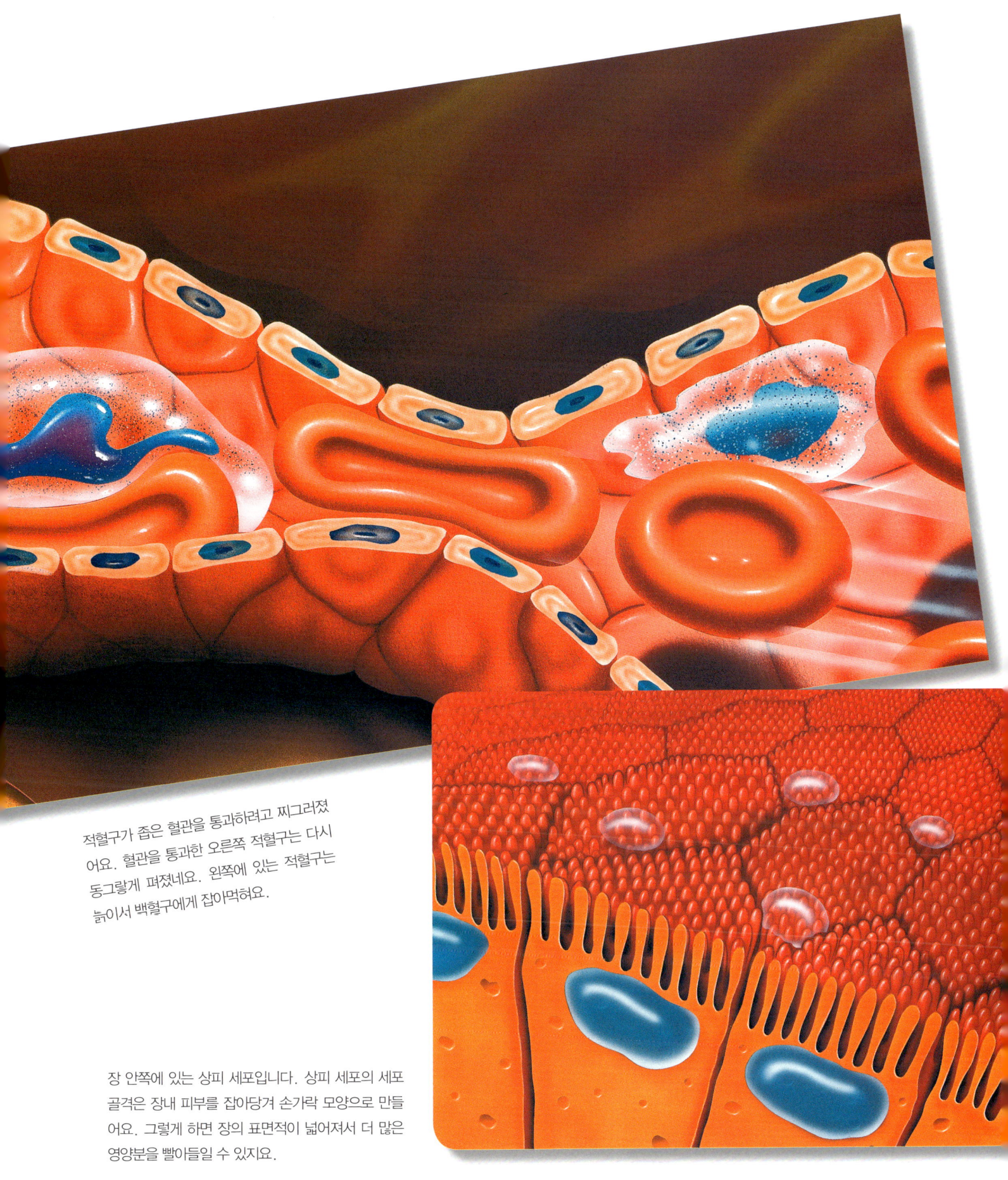

적혈구가 좁은 혈관을 통과하려고 찌그러졌어요. 혈관을 통과한 오른쪽 적혈구는 다시 동그랗게 펴졌네요. 왼쪽에 있는 적혈구는 늙어서 백혈구에게 잡아먹혀요.

장 안쪽에 있는 상피 세포입니다. 상피 세포의 세포 골격은 장내 피부를 잡아당겨 손가락 모양으로 만들어요. 그렇게 하면 장의 표면적이 넓어져서 더 많은 영양분을 빨아들일 수 있지요.

쉴 새 없이 움직이는 세포

우리 몸속에 있는 모든 세포는 항상 움직여요. 하지만 잘 느낄 수 없지요. 근육 세포가 움직일 때에만 그걸 알 수 있지요. 주먹을 쥐어 보아요. 아래팔 근육이 당겨지는 게 느껴지죠? 수백만 개의 세포가 한꺼번에 잡아당기기 때문이에요. 눈을 깜빡이거나 손가락을 구부리려면 수많은 세포들이 동시에 움직여야 해요. 심장이 펌프질을 해서 온몸으로 혈액을 내보낼 때에도 마찬가지입니다.

세포 안에서 운반이 일어나는 시스템을 아주 크게 확대한 그림이에요. 작은 다리가 달린 운동 단백질이 미세 소관이라고 불리는 길을 따라서 소포를 운반해요.

새로 만들어진 단백질은 어떻게 해야 할까요? 잘 포장해서 올바른 시간에 알맞은 장소로 보내야 합니다. 그 일을 맡은 것이 소포입니다. 작은 주머니인 소포는 짐을 싣고 작은 다리가 달린 단백질을 타고 미세 소관을 따라 이동해요. 그러니 세포 안에서 정말 많은 이동이 일어나겠지요?

세포는 몸속을 돌아다닐 수 있나요?

네, 맞아요. 혈액 세포인 적혈구와 백혈구는 항상 혈액 속에 떠다녀요. 그런데 백혈구는 혈관 밖으로 나가기도 합니다. 세균 같은 침략자가 외부에서 들어오면 우리 몸을 방어하는 세포들이 혈관 밖으로 나가서 세균과 싸우지요.

근육은 어떻게 한 방향으로 움직이나요?

근육은 가늘고 긴 근육 세포들로 이루어져 있어요. 근육 세포들은 서로 뭉쳐 있어요. 근육 세포의 세포질에는 액틴과 미오신이라는 단백질 섬유가 아주 영리한 방법으로 늘어서 있습니다. 근육 세포가 신호를 받으면 액틴 바깥에 붙어 있던 작은 머리들이 미오신에 붙습니다. 그런 다음에 액틴의 머리들이 돌돌 말리면서 액틴과 미오신 섬유를 함께 잡아당깁니다. 이 움직임이 계속 반복되면 근육 세포와 섬유가 수축됩니다. 수백만 개의 세포들이 동시에 똑같이 움직이면 근육 전체가 줄어들지요. 그러면 힘이 생겨서 무거운 여행 가방도 거뜬히 들어 올릴 수 있어요.

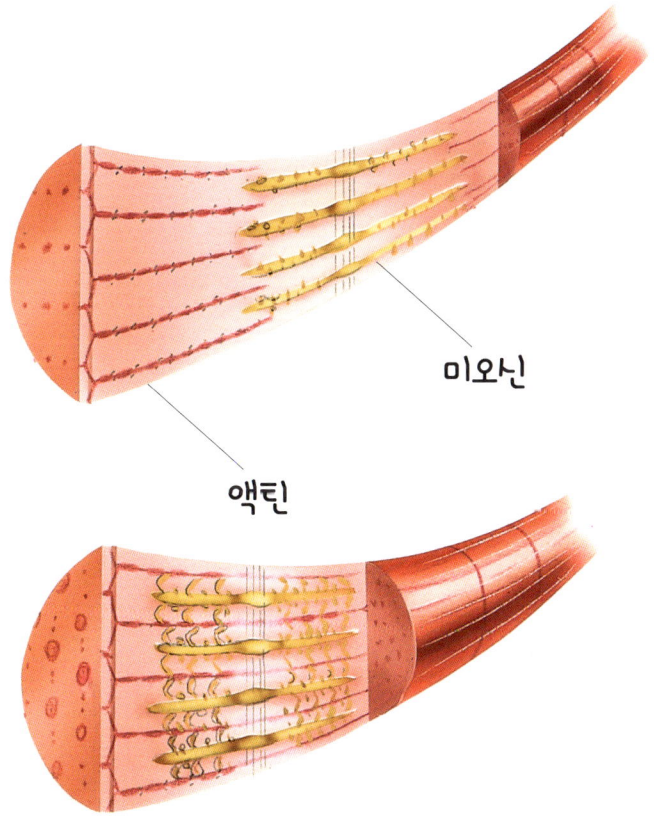

미오신

액틴

세포를 위해 잘 먹어야 해요

세포는 항상 바빠요. 에너지를 얻으려면 자신에게 맞는 먹이를 먹어야 하는데, 혈액이 그 먹이를 가져다주지요. 세포가 사과를 우적우적 깨물어 먹을 수는 없어요. 그 대신에 사과에 들어 있는 영양소인 당, 지방, 아미노산을 먹어요. 그래서 우리는 먹은 음식을 소화해서 세포가 먹을 수 있는 크기의 영양소로 분해해야 합니다. 그러면 장에 있는 상피 세포가 영양소를 혈액으로 운반합니다. 세포의 먹이는 발전소의 연료와 같아요.

우리 몸은 왜 따뜻한가요?

우리 몸을 따뜻하게 해 주는 발전소는 미토콘드리아입니다. 미토콘드리아는 당과 지방을 태워서 에너지를 만듭니다. 태운다고 해서 진짜로 불이 나는 것은 아니에요. 화학 반응을 통해서 우리 몸 전체가 따뜻하게 유지될 수 있게 하지요. 그런데 세포들은 에너지 대부분을 어딘가에 써야 해서 어떤 방법으로든 에너지를 보관해야 합니다.

박사님, 그럼 세포 안에 배터리가 있는 건가요?

맞아요. 화학적인 배터리라고 할 수 있지요. 이 배터리가 세포를 통과해 이동하면서 세포가 연료를 써야 할 때 필요한 장소까지 에너지를 운반해요. 오른쪽 그림을 보면 이해하는 데 도움이 될 거예요.

세포의 발전소인 미토콘드리아예요. 미토콘드리아는 세포가 써야 하는 에너지를 만들지요.

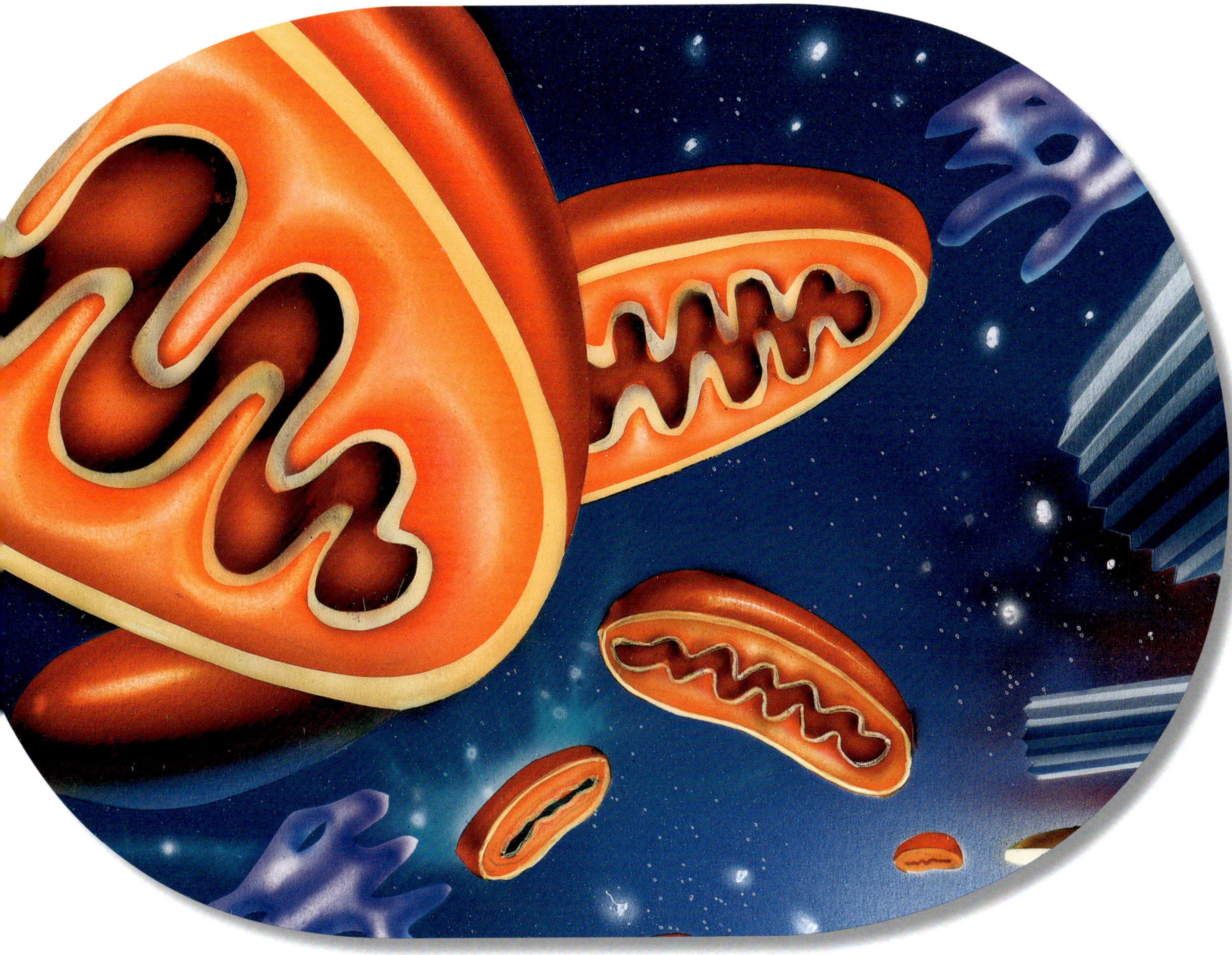

세포는 빈 배터리 안에 에너지를 저장해요. 그 배터리가 이인산(ADP)이에요. 미토콘드리아는 인산염으로 배터리를 충전해요. 그러면 ADP는 충전된 배터리인 삼인산(ATP)이 되어요. 그리고 에너지가 필요한 곳에서 인산염을 다시 내보내요.

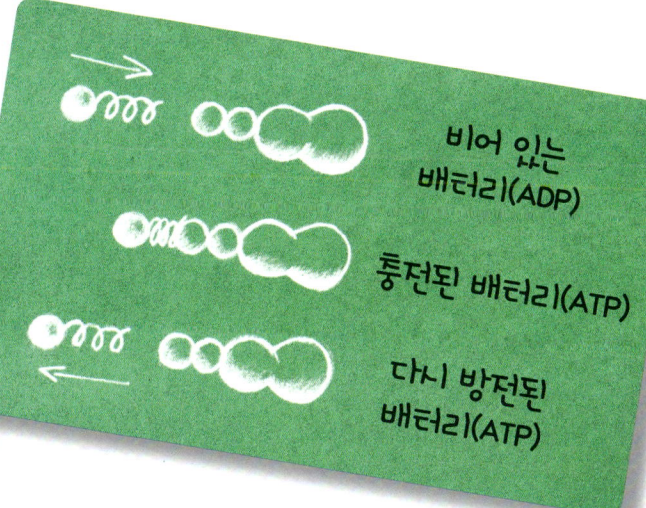

비어 있는 배터리(ADP)

충전된 배터리(ATP)

다시 방전된 배터리(ATP)

똑똑한 세포막

세포막에서는 많은 단백질이 일을 해요. 아래 그림은 단백질이 하는 많은 일을 보여 주어요. 접착 단백질은 같은 종류의 세포들을 붙여서 탄탄한 조직을 만들어요. 그런데 이 조직에 들어가려고 하는 바이러스가 있어요(그러지 않았으면 좋겠지만 말이에요). 수용체 단백질은 어떤 물질이 들어오고 나가야 하는지 결정해요. 그중 어떤 단백질은 호르몬이 보내는 신호를 판정해요. 바깥에 있는 단백질은 안으로 들어올 수 없어요. 세포는 자기 단백질을 스스로 만드니까요.

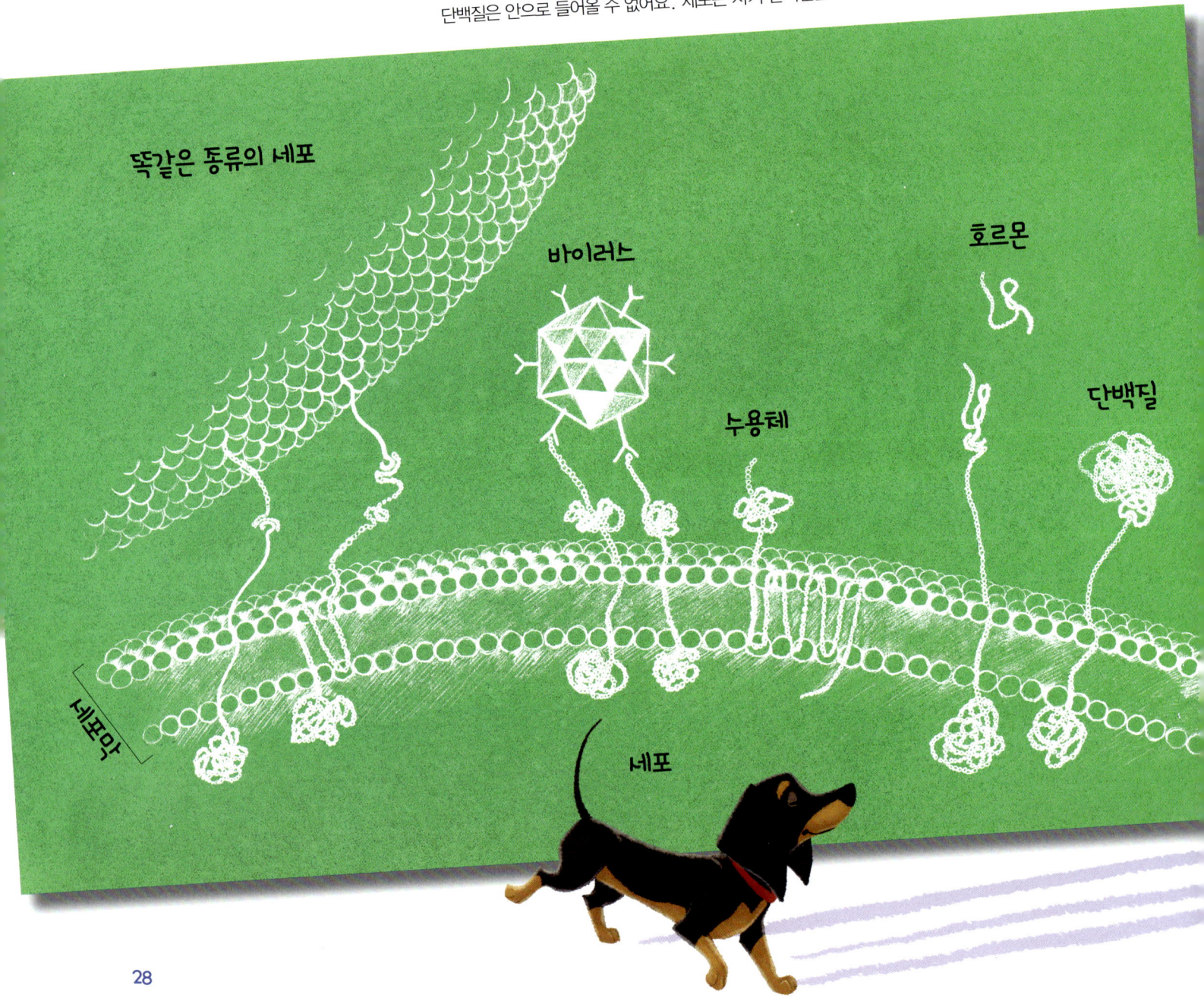

세포막은 세포와 세포 소기관들을 둘러싸기만 하는 것이 아닙니다. 세포 안에 나쁜 것이 들어오지 못하고 좋은 것이 나가지 못하게 감시하기도 합니다. 문지기 단백질이 하는 일이지요. 세포막에 떠다니는 다른 단백질들은 메시지를 해석하거나 똑같은 종류의 세포들을 붙이는 일을 합니다.

박사님, 세포 안에 들어갈 수 없는 건 무엇인가요?

지방, 당, 아미노산과 같은 좋은 물질은 세포 안으로 들어갈 수 있습니다. 그밖에 다른 물질들은 바깥에 있어야 합니다. 또 쓰레기인 노폐물은 세포 밖으로 나가야 합니다. 그래서 세포막의 문지기 단백질들은 세포의 문을 두드리는 분자의 모양을 살펴봅니다. 유효 기간이 남아 있는 화학 여권을 가진 것만이 세포 안과 밖을 드나들 수 있어요.

세포들이 서로 붙어 있게 해 주는 건 무엇인가요?

세포막에 있는 단백질 중에는 똑똑한 풀 역할을 하는 단백질이 있습니다. 서로 이웃해 있는 같은 종류의 세포들은 같은 단백질을 가지고 있지요. 이 단백질은 함께 모여 세포를 붙여 놓습니다. 수용체라고 불리는 단백질은 바깥에서 보내오는 메시지를 받아서 해석합니다. 그러면 세포가 메시지를 읽을 수 있습니다. 이 메시지는 호르몬이 보낸 것이지요.

박사님, 호르몬은 어떻게 작용하나요?

우리 몸은 다양한 호르몬을 계속해서 만들어 냅니다. 아드레날린은 호르몬의 한 종류예요. 예를 들어 크고 사나운 개를 만나면 우리 몸에서 아드레날린이 분비되어 정신이 번쩍 들고 힘이 세집니다. 위험이 닥치면 신장에 있는 분비샘이 아드레날린을 아주 많이 만들어서 혈관 속에 퍼뜨립니다. 아드레날린은 혈관이 좁아지고 심장이 빨리 뛰도록 명령을 내립니다. 그렇게 되면 우리는 정말 빨리 도망칠 수 있어요.

적인가요 친구인가요?

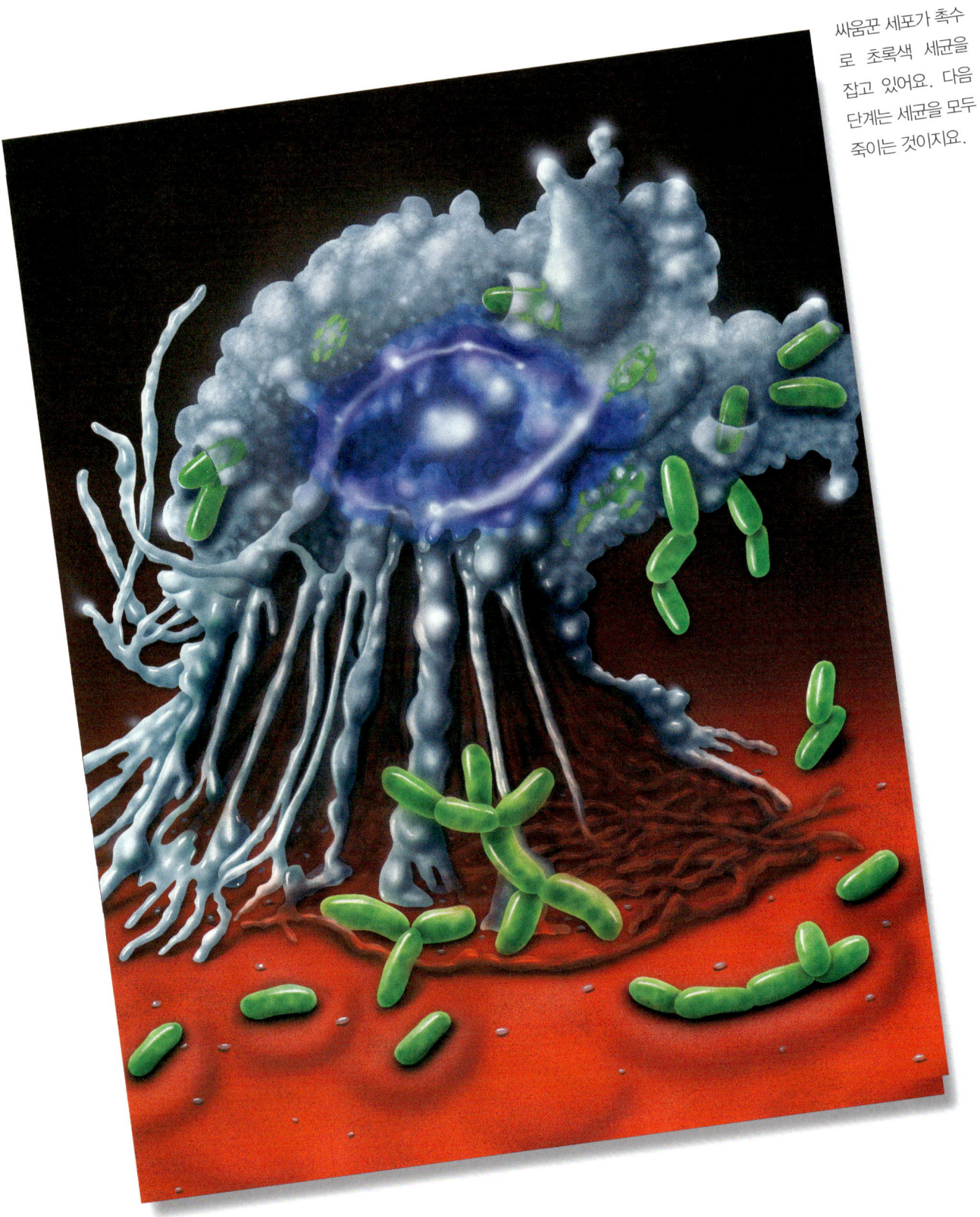

싸움꾼 세포가 촉수로 초록색 세균을 잡고 있어요. 다음 단계는 세균을 모두 죽이는 것이지요.

우리 몸속 세포들은 항상 함께 뭉치고 싶어 해요. 세균 같은 외부의 세포들은 우리 몸 안에 들어와서는 안 되지요. 세균이 들어와서 수가 불어나면 우리 몸이 아파요. 독소를 뿜어서 세포를 죽이는 세균도 있고, 노폐물을 만들어서 세포에 해를 끼치는 세균도 있어요. 세균은 세포보다 훨씬 작고 종류도 수천 가지나 되어요.

박사님, 세균은 다 위험한가요?

다행히 그렇지는 않아요. 도움이 되는 세균도 있습니다. 우리 장에는 많은 세균이 살고 있는데, 음식물을 소화하는 데 도움을 줍니다. 우리 피부에도 지구에 사는 사람의 수보다 훨씬 많은 세균이 살고 있어요.

우리가 음식을 먹고 숨을 쉴 때 세균과 미생물이 몸 안으로 들어와요. 피부에 상처가 났을 때 혈액 속으로 들어오는 세균도 있지요. 그러면 백혈구 군대가 몰려듭니다. 백혈구는 우리 몸에 있던 세포와(가만히 내버려 둬!) 외부에서 들어온 세균을(공격 개시! 침략자들을 죽여라!) 구분하지요.

B 세포라고 불리는 방어 세포는 특별한 방법으로 외부 세포를 알아냅니다. 외부 세포에 항체라는 무기를 뿌리는 것이지요. 그러면 대식 세포는 어떤 세포를 죽여야 하는지 알게 됩니다.

우리가 건강하게 지낼 수 있는 것은 우리 몸을 방어하는 군대가 공격자들과 항상 전쟁을 벌이고 있기 때문입니다. 다양한 전사 세포와 세포가 가진 무기가 우리의 면역 체계를 이룹니다.

피부에 살고 있는 무해한 세균 무리.

바이러스는 무슨 일을 하나요?

세균과 바이러스는 때때로 한발 앞서갑니다. 싸움꾼 세포가 공격해서 죽이기 전에 미리 수를 많이 불려 놓는 것이지요. 그렇게 되면 우리는 병에 걸립니다. 세균 때문에 설사병, 폐렴, 귓병, 위장병을 앓을 수 있어요. 바이러스는 세균만큼 위험한 침입자입니다. 바이러스 때문에 독감, 감기, 천연두, 홍역에 걸릴 수 있어요.

바이러스는 세포가 아니라 유전자를 담고 있는 단백질 껍질입니다. 그래서 혼자서는 살아갈 수 없습니다. 살아 있는 세포를 노예로 삼아야 수를 불릴 수 있어요. 바이러스는 아주 나쁜 전략을 씁니다.

우선 세포를 골라서 거기에 찰싹 달라붙습니다. 바이러스는 세포 안으로 들어갈 수 있을 만큼 작아서 세포 안에 자기가 가진 유전자를 심을 수 있지요. 그러면 무슨 일이 일어날지 알 수 있겠지요? 감염된 세포는 바이러스를 만들 수밖에 없습니다. 노예 세포는 죽을 때까지 계속해서 바이러스를 만들어 내지요. 그러면 많은 바이러스들이 터져 나와서 건강한 세포들을 감염합니다.

우리의 면역 체계가 백혈구를 보내서 바이러스를 처치할 수 있으니 정말 다행이에요. 방어 세포들은 이미 감염된 세포를 감시합니다. 바이러스의 증식을 멈출 유일한 방법은 세포 전체를 파괴하는 것입니다.

새로운 세포는 어디에서 만들어지나요?

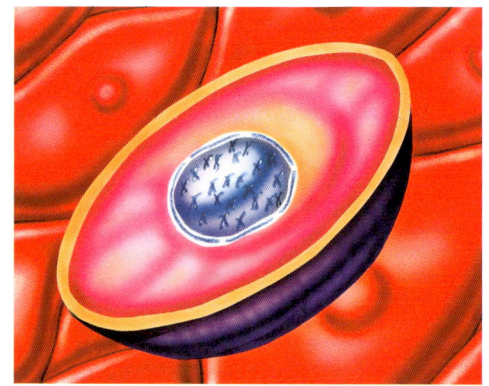

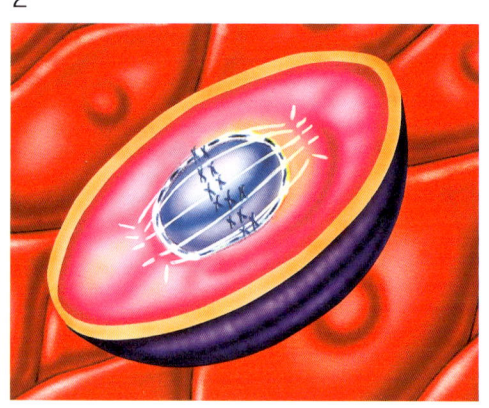

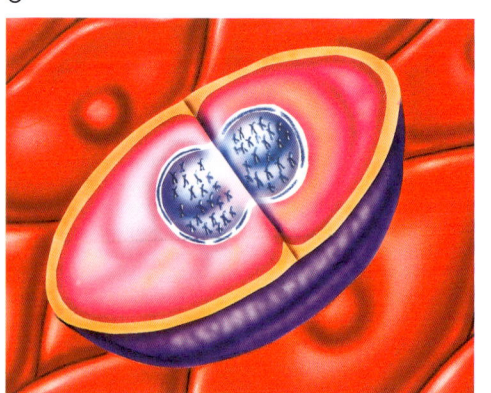

우리 몸에서 새로운 세포가 필요할 때면 모세포가 분열해서 새로운 딸세포 2개를 만듭니다. 부모가 다시 자녀가 되는 것이지요.

그럼 모세포는 어디에서 만들어져요?

우리 몸에 있는 모든 세포의 역사를 거슬러 올라가면 단 1개의 세포를 만날 수 있습니다. 엄마의 자궁 속에 있던 난자입니다. 우리가 태어나기 아홉 달 전에 아빠의 정자가 엄마의 난자와 만나서 합쳐져요. 정자와 합쳐진 난자는 곧바로 분열을 시작하고, 분열이 계속되면서 우리에게 필요한 여러 세포들이 천천히 만들어집니다.

세포가 언제 분열해야 하는지 어떻게 알죠?

세포는 분열을 시작하거나 멈추어야 한다는 메시지를 받습니다. 유전자가 손상을 입으면 세포는 분열을 그만하라는 신호를 받을 수 없어요. 분열을 계속하면 종양이라고 부르는 세포 덩어리가 생길 수 있어요.

DNA를 염색체로 포장해서 새로운 세포에 보내기란 여간 어렵지 않아요. 이 일을 맡은 것이 중심립입니다. 미세 소관을 올바른 순서로 늘어놓으면 그 위로 염색체가 이동해서 자기 자리를 찾습니다.

1. 세포가 분열할 때 DNA 가닥이 복제되어 염색체 형태를 띱니다. 각 세포가 23개의 쌍으로 된 염색체를 갖습니다.
2. 염색체가 올바른 순서로 정리되었습니다.
3. 새로 만들어진 2개의 세포는 완벽하게 복제된 DNA를 받습니다.

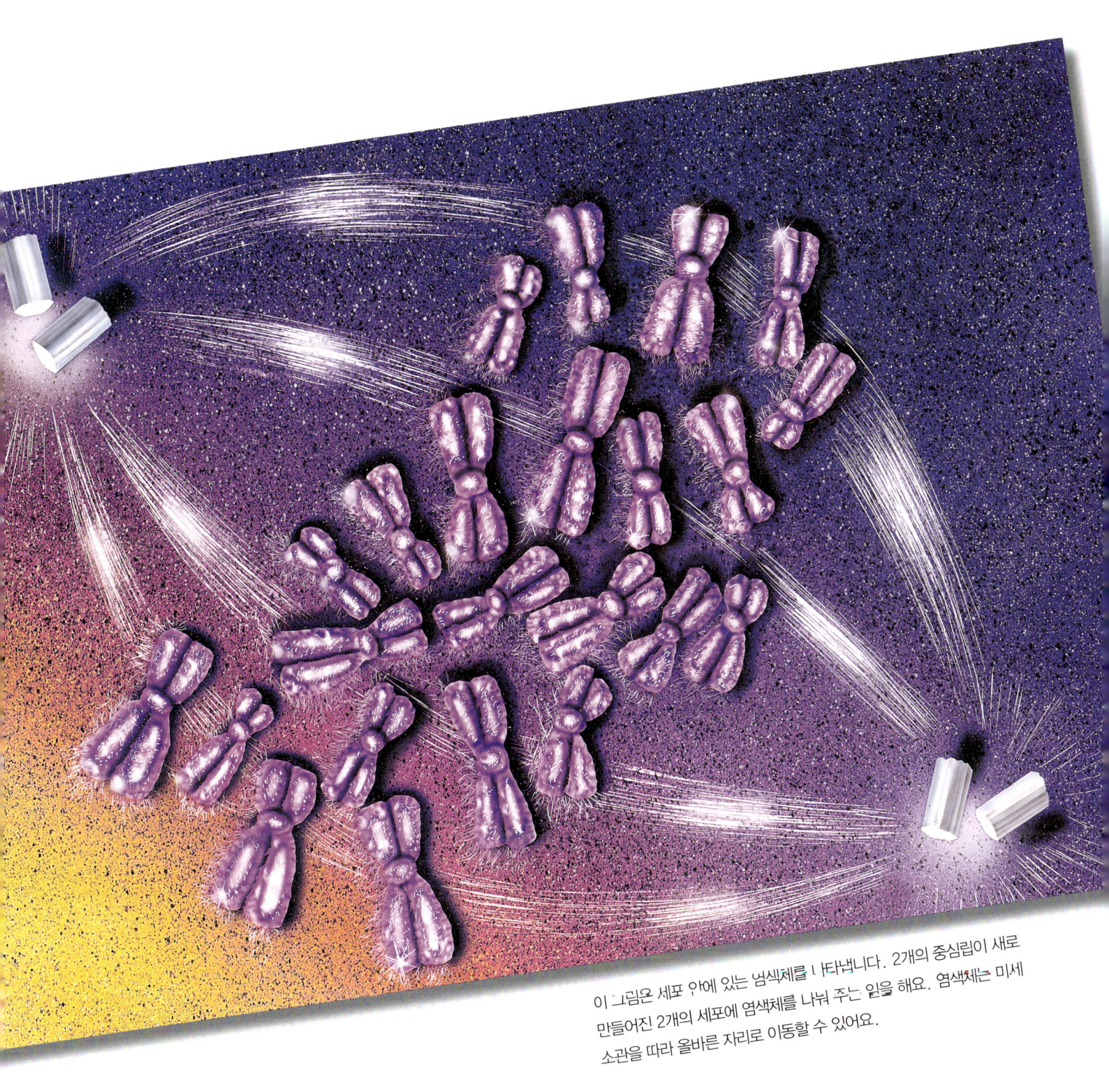

이 그림은 세포 안에 있는 염색체를 나타냅니다. 2개의 중심립이 새로 만들어진 2개의 세포에 염색체를 나눠 주는 일을 해요. 염색체는 미세 소관을 따라 올바른 자리로 이동할 수 있어요.

세포의 나이

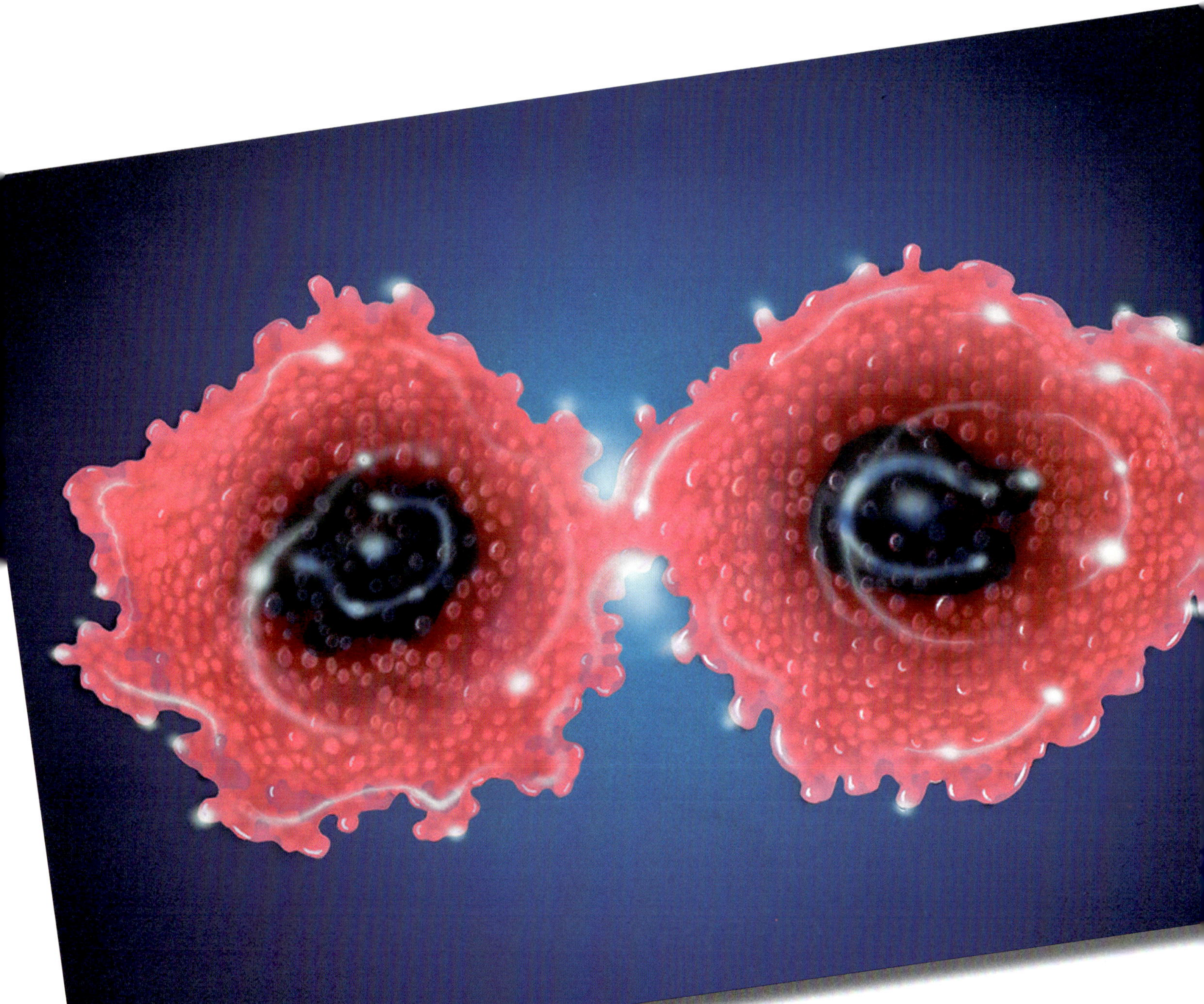

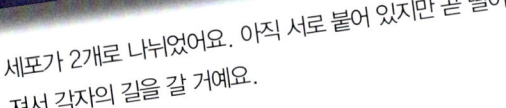

세포가 2개로 나뉘었어요. 아직 서로 붙어 있지만 곧 떨어져서 각자의 길을 갈 거예요.

우리 몸속 세포는 살아 있는 생명체입니다. 장을 감싸는 상피 세포나 피부 세포는 수명이 아주 짧아요. 이틀이 지나면 벌써 늙어서 피곤에 지치지요. 그런 세포는 자주 분열해서 나이든 세포의 자리를 차지해요.

하지만 신경 세포는 우리가 어릴 때도 분열을 멈춰요. 그래서 우리는 평생 같은 신경 세포를 가지고 살아가지요. 약물이나 술은 신경 세포를 영원히 파괴할 수 있습니다. 그러니까 조심해야겠지요?

이제 여행의 끝이군요. 여행이 시작된 뒤 지금까지 우리의 피부에 있던 세포 수백만 개가 벌써 죽었습니다. 두 손을 모아 비볐을 때 어떤 일이 벌어졌지요? 그래요. 때와 먼지가 벗겨졌습니다. 죽은 피부 세포, 세포 안에 들어 있는 염색체, 단백질, DNA 등 우리가 놀라운 세포의 세계를 여행하면서 알게 된 신기한 것들이 함께 떨어져 나갔지요.

용어 설명

골수: 적혈구와 백혈구가 만들어지는 곳이에요. 뼈의 한가운데에 있어요.

골지체: 단백질을 세포 바깥으로 내보내는 일을 하는 세포 소기관이에요.

근육 세포: 근육 세포는 수축할 수 있어요. 다발로 되어 있어서 우리 몸을 움직이게 해 주어요.

뇌: 우리 몸을 움직이는 관제탑이에요. 수많은 신경 세포로 이루어져 있어요. 신경 섬유로 된 망을 통해서 온몸 구석구석에 메시지를 보내고 받아요.

뉴클레오타이드: DNA를 이루는 물질로, 서로 결합해서 나선형의 DNA 사다리를 만들어요.

단백질: 세포를 구성하는 벽돌이며, 세포가 여러 활동을 하는 데 사용하는 도구예요. 단백질은 세포를 만들고, 세포가 많이 모이면 유기체가 만들어져요.

대식 세포: 백혈구의 일종이에요. 혈액 속에서 순찰을 돌다가 세균이나 미생물이 나타나면 먹어 치워요.

리보솜: 세포 안에 든 아주 작은 공 모양의 세포 소기관이에요. 새로운 단백질을 만들어요.

리소좀: 노폐물을 분해, 처리, 저장하는 세포 소기관이에요.

면역 체계: 각종 세균과 미생물을 막아 주어요. 수많은 백혈구와 백혈구가 만들어 낸 무기로 이루어져 있어요.

미토콘드리아: 세포의 에너지를 만드는 발전소예요.

바이러스: 스스로 살아갈 수 없는 아주 작은 미생물이에요. 바이러스는 우리 몸이 작동하는 방식을 바꿀 수 있어요. 그래서 질병을 일으키는 것이지요.

세균: 우리 몸의 세포보다 크기가 작은 세포예요. 종류가 수천 가지나 되어요. 우리 몸에 좋은 세균과 나쁜 세균이 있지요.

백혈구: 백혈구는 종류가 아주 많아요. 위험한 세균이 없는지 항상 지켜보고 없애 버려요.

뼈 세포: 뼈를 만들거나 파괴하는 세포예요.

분자: 스스로 존재할 수 있는 가장 작은 단위의 화학 물질이에요.

생물: 완전한 생명체를 말해요. 세균처럼 하나의 세포로 이루어진 생물도 있고, 식물이나 동물이나 인간처럼 수많은 세포로 이루어진 생물도 있어요.

생체 분자: 당, 지방, 뉴클레오타이드, 아미노산 같은 복잡한 화학 물질이에요.

세포: 아주 작은 생명체예요. 인간의 몸에는 수백 종류의 세포가 있는데, 생명을 유지하는 역할을 해요. 세포가 하는 가장 큰 역할은 단백질을 만드는 것이에요.

세포막: 다양한 단백질로 만들어진 촉촉한 막이에요. 세포를 외부로부터 지켜 주지요.

세포 분열: 세포가 증식하는 방법이에요. 모세포가 2개의 세포로 나뉘어요. 새로 만들어진 세포를 딸세포라고 불러요.

세포질: 세포의 구성 요소들이 떠다니는 걸쭉한 액체예요.

세포핵: 세포 한가운데에 있고 둥근 공 모양이에요. 이곳에 유전자가 저장되어 있어요.

세포 소기관: 세포 안에서 떠다니는 구조물이에요.

소포: 새로 만들어진 단백질이 들어 있는 얇은 세포막 거품이에요.

소포체: 리보솜이 세포막이나 세포 바깥에서 일을 하게 될 단백질을 만드는 장소예요.

수용체: 세포막에 있는 단백질이에요. 외부에서 들어오는 화학적 메시지를 받아들여요.

신경 세포: 다른 신경 세포와 연결되어 신경 다발을 만들어요. 신경 세포는 신호를 전달해요. 예를 들어 피부에 있는 신경 세포는 누르는 압력이나 뜨거움이나 차가움을 느끼게 해 주지요.

아미노산: 단백질이라는 집을 만드는 벽돌이에요. 20가지나 되는 아미노산이 있어요.

액틴과 미오신: 근육이 수축하게 만드는 단백질들이에요.

염색체: 유전자를 담고 있는 DNA 상자예요. 세포 1개에는 23개의 염기쌍으로 된 46개의 염색체가 있어요.

영양소: 세포의 먹이예요. 우리가 먹는 음식에 들어 있는 탄수화물, 지방, 단백질, 미네랄, 비타민이지요.

원자: 화학 반응을 일으키는 입자의 가장 작은 단위예요.

유전자: DNA의 일부분. 세포핵에 저장된 유전자는 단백질을 만드는 방법을 담고 있어요. 유전자 1개에는 수천 개의 암호가 담겨 있어요.

적혈구: 온몸에 산소를 운반하는 세포예요.

종양: 잘못된 유전자가 세포에게 빠른 속도로 분열하라고 명령을 내릴 때 자랄 수 있는 큰 세포 덩어리예요.

중심립: 세포가 분열할 때 도와주는 세포 소기관이에요.

피부 세포: 우리 몸의 안과 바깥 표면을 이루고 있는 세포예요. 겹겹이 쌓여 있어요.

튜불린: 적혈구 등 세포의 모양이 유지되도록 지탱하는 섬유를 만드는 단백질이에요.

케라틴: 머리카락, 손톱, 그리고 세포 골격을 만드는 단백질이에요.

킬러 T 세포: 바이러스에 감염된 세포를 파괴하는 백혈구예요.

항체: 세균이나 바이러스를 죽이는 단백질이에요.

호르몬: 세포가 특정한 방식으로 일하도록 신호를 보내는 분자예요.

B 세포: 항체를 만드는 백혈구예요.

DNA: 데옥시리보핵산의 줄임말이에요. 꼬아 놓은 사다리 모양의 가늘고 긴 가닥들 위에 유전자가 늘어서 있어요.

mRNA: (단백질 조리법으로) 유전자를 복제해서 단백질이 만들어지는 리보솜으로 옮겨요.

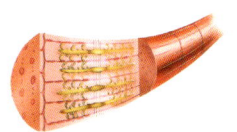    

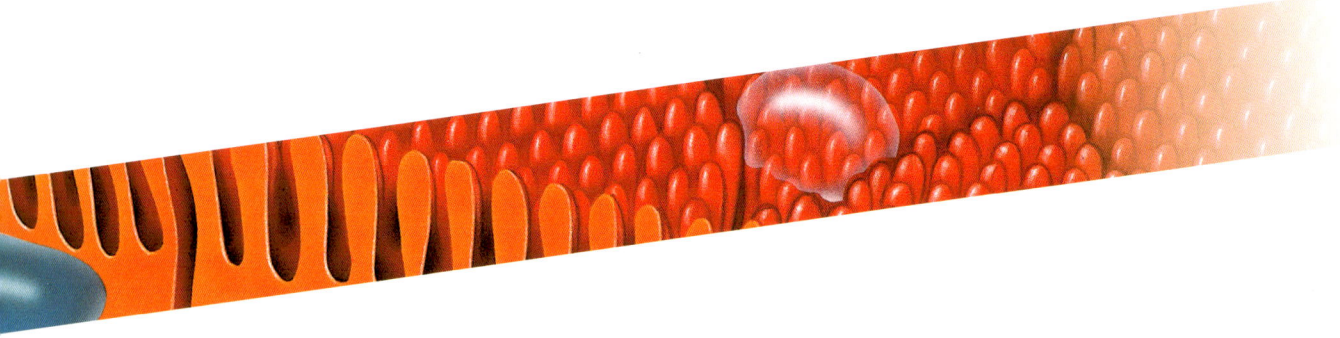

열심히 일하는 세포

초판 인쇄 2018년 7월 11일 **초판 발행** 2018년 7월 11일

글쓴이 파트리크 알렉산더 바오이에를레 · 노르베르트 란다
그린이 구스타보 마살리 · 안토니오 무뇨스
옮긴이 권지현

펴낸이 남영하 **편집** 장미연 한경애 **디자인** 박규리 **마케팅** 주영상

종이 세종페이퍼 **인쇄** 미광원색사 **제본** 신안문화사

펴낸곳 ㈜씨드북 **등록** 제2012-000402호
주소 03997 서울시 마포구 월드컵로16길 52-23
전화 02) 739-1666 **팩스** 0303) 0947-4884
홈페이지 www.seedbook.kr **전자우편** seedbook009@naver.com
인스타그램 instagram.com/seedbook_publisher
페이스북 facebook.com/seedbook.kr **카카오스토리** story.kakao.com/seedbook

THE CELL WORKS of BIOEXPLORERS series
Authors: Patrich A. Baeuerle, Ph. D. and Norbert Landa
Illustrations: Gustavo Mazali
Scientific Illustrations: Antonio Muñoz
Copyright © GEMSER PUBLICATIONS S.L.,, Barcelona, Spain, 2017
Korean Translation Copyright © Seedbook Co. Ltd., 2018
All rights reserved.
This Korean edition was published by arrangement with GEMSER PUBLICATIONS S.L.(Barcelona)
through Bestun Korea Agency Co., Seoul.

이 책의 한국어판 저작권은 베스툰 코리아 에이전시를 통해 저작권사와 독점 계약을 맺은 ㈜씨드북에 있습니다.
저작권법에 의해 한국 내에서 보호를 받는 저작물이므로 무단 전재와 무단 복제를 금합니다.

ISBN 979-11-6051-202-1 (77470)
세 트 979-11-6051-201-4

책값은 뒤표지에 있습니다. 잘못 만들어진 책은 구입하신 서점에서 바꾸어 드립니다.

이 도서의 국립중앙도서관 출판예정도서목록(CIP)은 서지정보유통지원시스템 홈페이지(http://seoji.nl.go.kr)와
국가자료공동목록시스템(http://www.nl.go.kr/kolisnet)에서 이용하실 수 있습니다.
(CIP제어번호: CIP2018018306)